www.tredition.de

AF185420

don roy

stripped

die nackte wahrheit

www.tredition.de

Wie es eigentlich dazu kam

Als Erstes möchte ich erzählen, wie das Ganze angefangen hat, denn die Fragen waren immer dieselben, die mir in all den Jahren gestellt wurden: „Wie bist du denn dazu gekommen?" oder „Was hat dich dazu bewegt, mit dem Strippen anzufangen?"

Es ist gar nicht so einfach, das in Worte zu fassen.

Dass eine gewisse Portion Exhibitionismus in mir schlummert, war mir schon sehr früh bewusst.

Hin und wieder ergab sich die Gelegenheit, dass mir eine Kollegin beim Onanieren zuschaute. Dieses Gefühl ist unbeschreiblich. Was da in mir vorging, war einfach nur fantastisch. Es durfte natürlich keine Mithilfe ihrerseits geben, ansonsten waren das Prickeln und die Spannung auf der Stelle weg. Das soll allerdings nicht heißen, dass dies nie vorgekommen ist. Es lag wohl daran, wie sie mich dabei beobachtet hat.

Irgendwann im Sommer 1998 traf ich mich mit Pino, einem alten Kumpel, der selbst seit ein paar Jahren als Stripper tätig war. Wir gingen zusammen aus und plauderten über alles Mögliche. Da ich ein 1970er-Jahrgang bin, war ich damals bereits 28 Jahre alt. Das ist nicht wirklich früh, um mit so etwas anzufangen. Aber dafür war ich verrückt genug. Diejenigen, die mich kennen, können dies bestätigen.

Wir stießen auf das Thema „beim Onanieren beobachtet werden".

Es löste bei ihm genau dasselbe Gefühl aus wie bei mir. Natürlich mussten wir beide darüber lachen.

Darauf meinte er, dass es bei ihm mit dem Strippen besser wurde. Als könnte er das damit ein bisschen kompensieren. Ich erwiderte nur: „Du kannst dir doch während der Show keinen runterholen!"

Er verneinte, aber beim Ausziehen seien die Blicke und Reaktionen der Frauen eben doch sehr ähnlich.

Ich solle doch auch mit dem Strippen anfangen, meinte er. Ich hätte das Zeug dazu. Mir war schon bewusst, dass ich keine schlechten Voraussetzungen mitbrachte. Nach 20 Jahren Kickboxen sah man schon noch etwas von dem vielen Training.

Anfangs hatte ich noch ein paar Vorbehalte, aber bald fing ich an, ernsthaft darüber nachzudenken.

Pino würde mir ein Kostüm leihen und auch die Musik dazu, dann könne ich das ja mal ausprobieren.

Da man die Auftritte nicht einfach aus dem Ärmel schütteln könne, braucht das einen gewissen Vorlauf und Übung.

Ich solle Visitenkarten drucken und allen davon erzählen, die ich kenne. Genauso habe er das auch gemacht.

Wie es der Zufall wollte, kam eine Kollegin auf mich zu und fragte mich, ob ich auf einer Hochzeit strippen würde. Sie hätten es verpasst, einen Stripper zum Junggesellenabschied zu engagieren.

Wie sie denn auf mich komme, fragte ich sie zuerst. Sie denke, dass ich der Typ sei, der so etwas machen würde, antwortete sie.

6

Die Chance habe ich mir dann nicht entgehen lassen und holte mir bei Pino Kostüm und CD.

Ich habe zu Hause vor dem Spiegel fleißig geübt und eine Freundin als erstes ‚Opfer' auserkoren.

Sie kam vorbei und musste sich auf einen Stuhl setzen. „Nun musst du warten. Es gibt eine kleine Überraschung", sagte ich. „Wenn ich ‚jetzt' sage, drückst du die Starttaste."

„Ist es das, was ich denke?", fragte sie. „Lass dich überraschen", erwiderte ich.

(Es ist schon genial. Gerade jetzt läuft im Radio der Song „Summer Dreamin" von Kate Yanei aus der Bacardi-Werbung, welcher dann Jahre später zu einem Teil meiner Bauarbeiter-Show wurde.)

„Jetzt kannst du starten. Ich bin bereit."

Dann ging es los. Sie fand das Ganze sehr prickelnd und spannend. Als ich da in meinem Outfit um die Ecke kam, fielen ihr fast die Augen aus dem Kopf. Damit habe sie nun wirklich nicht gerechnet. Extrem nervös war ich natürlich, sie offensichtlich auch, was sie mir aber erst später gestanden hat.

Aber schön im Takt der Musik zog ich mich langsam aus, und sie half mir auch dabei. Es ging eigentlich ganz gut, mit den Kampfstiefeln auf dem Parkettboden zu tanzen. Im Schlafzimmer lag Teppich, dort wäre es ungünstig gewesen. Genauso wie es später dann immer war, legte sich meine Nervosität ziemlich schnell. Meist bereits beim Hereinlaufen, also schon am Anfang des Auftritts.

Sie duftete auch sehr gut, was sehr angenehm ist, wenn man die Nähe des Gegenübers genießen will. Ich hatte im Laufe der Zeit natürlich höchst unterschiedliche Begegnungen, von sehr gut duftend bis nach Alkohol und Schweiß stinkend. Manchmal war es auch ein nicht zu definierender Geruch. Diese Erfahrung zu machen war äusserst unangenehm. Ist nicht so einfach mit blockiertem Atem zu Tanzen. Manchmal war es so schlimm, dass mir beinahe übel wurde. Wie auch immer, zurück zur Show.

So, wie sich es gehört, sollte auch sie beim Ausziehen Hand anlegen – was sie auch tat und mich schlussendlich mit einer Erektion stehen ließ. Das war ja zu erwarten, wenn alles so privat abläuft. Das habe sie nicht gewollt, beteuerte sie grinsend, was ich ihr natürlich nicht abnahm. Komplett nackt, aber mit Ständer ging ich zurück ins Zimmer und zog mich wieder an. Auch sie hatte ihren Spaß daran. Damit war die Generalprobe halbwegs gelungen.

Es war schon ein seltsames Gefühl, dass der Premiere-Auftritt ausgerechnet auf einer Hochzeit stattfand, noch dazu im Hotel Bad Horn.

Natürlich wusste keiner außer der Brautjungfer Bescheid. Nicht einmal der Trauzeuge ahnte etwas, was zu Verzögerungen führte.

Umgezogen und bereit saß ich da in der Küche in Bad Horn und die Braut wurde vom Trauzeugen in die Arena entführt. Das war die Disco, die im Rheintal war.

Zum Glück war dies nicht weit weg, so konnte die Braut bald zur Hochzeit zurückgebracht werden.

Ich war inzwischen halb krank vor Nervosität, da meinten die Köchinnen, ich könne ja vorab für sie in der Küche strippen.

Ich machte mir ja so schon fast in die Hose. Ein Gelächter war das. Zitternd zog ich mich wieder zurück und legte einen Teil meiner Garderobe ab, um abzuwarten, bis die Braut wieder eintraf. Das dauerte eine gefühlte Ewigkeit, denn vor lauter Nervosität verging die Zeit für mich noch langsamer.

Dann kam endlich die Nachricht, dass die Braut wieder zurück und am Start sei.

Schlussendlich ging die Musik von Lenny Kravitz doch noch an und die Show konnte starten. Auch diesmal verflog die Nervosität ziemlich schnell. Somit konnte ich mich auf die Show und die Braut konzentrieren.

Sie saß da in ihrem weißen Brautkleid und um sie hatten sich alle im Saal versammelt – von den Großeltern bis zu den Enkelkindern. Aus diesem Grund blieb das Auge sozusagen nur auf die Braut gerichtet, was sich mit der Zeit sowieso änderte. Denn das Flirten mit den übrigen Frauen ist mindestens genauso wichtig wie die Aufmerksamkeit auf die Dame, die im Mittelpunkt des Geschehens steht.

Wegen der Anwesenheit einiger Kinder blieben natürlich die Boxershorts an.

Die Stimmung war einfach gewaltig. Es war so faszinierend, dass die Entscheidung klar war. Diese Gäste waren der Hammer. Nie hätte jemand damit gerechnet, und ich am allerwenigsten, dass sie davon so begeistert waren. Es war ein absolut berauschendes Gefühl und in der Euphorie, in der ich mich befand, ging ich nach der

Show versehentlich wieder in die Küche statt in meine ursprüngliche Umkleide. Alle Anwesenden lachten natürlich, als ich leicht verwirrt um mich blickte und mir dies langsam bewusst wurde, sodass ich schnellstmöglich wieder verschwand. Als ich mich wieder angezogen hatte, mischte ich mich noch kurz unter die Gäste und trank mit der Braut noch ein Glas Champagner. Umgehend wurden Visitenkarten gedruckt und das Erstellen der Musik-CD war angesagt.

Natürlich musste auch ziemlich bald ein eigenes Outfit her.

Als erstes Kostüm wählte ich „das Phantom".

Eine venezianische Gipsmaske hing schon zu Hause an der Wand. Das Restliche wurde in Zusammenarbeit mit der hervorragenden Schneiderin Sandra angefertigt. Sie organisierte den Stoff und was sonst noch so erforderlich war.

Alles saß wie angegossen. Einen passenden Hut, ziemlich teuer, fand ich in einem Hutgechäft. Damit war das Kostüm komplett und ich am Start.

Die CD war relativ schnell zusammengestellt. Anfangs waren es einfach drei Songs, die irgendwie miteinander harmonierten. Dies ergab etwa eine Viertelstunde für die Show.

Die Pausen zwischen den Titeln waren natürlich grauenhaf, aber für den Anfang war das schon in Ordnung.

Nun hieß es herumrennen und weitererzählen. Dies ging eine ganze Weile so, allerdings ohne große Resonanz.

Nur einmal gab es eine Show für einen schwulen Freund, was auch ziemlich lustig war.

Sie fand im Lindenhof Goldach statt.

Auch der zweite Auftritt hat mich begeistert und motiviert, voll einzusteigen, obwohl es für einen Schwulen war. Mir war klar, dass ich keine Berührungsängste hatte.

Das war sehr hilfreich, es sollte nämlich nicht der letzte Auftritt in der Gay-Szene sein.

Inzwischen war das Jahr 1999 angebrochen. Die Namen der betroffenen Frauen werden bewusst nicht genannt – abgesehen von ein paar Auserwählten, die einverstanden sind, hier erwähnt zu werden. Dafür ist wohl auch keine Erklärung vonnöten. Die Namen sind abgeändert, indem Pseudonyme gewählt wurden.

Nach wie vor kreisten meine Gedanken um die Kostüme. Für mich war es wichtig, mehrere davon im Angebot zu haben.

So sollte es auch sein. In Italien entdeckte ich ein Geschäft, das verschiedene italienische Armeeartikel vertrieb. Dort wurde ordentlich zugeschlagen. Ich erwarb zwei verschiedene, komplette Militär-Uniformen. Eine super Sache! Somit mussten nur die beiden Hosen mit Klettverschluss versehen werden, dafür war ja Sandra zuständig, und ich hatte drei komplette Kostüme..

Eines Abends rief mich mein späterer Rheintaler Manager an und buchte mich für einen ungewöhnlichen Anlass. Als Erstes sollte ein korpulenter Santa Claus Verwirrung stiften, indem er sich ausziehen sollte. Daran sollte eine Phantom-Show anknüpfen. Über die

Nervosität, die allgegenwärtig war, gibt es nur zu sagen, dass sie nach zwanzig Jahren noch genauso war wie beim allerersten Auftritt. Die Hoffnung, dass sie nachlassen würde, war vergeblich. Manchmal wurde es sogar sehr schlimm.

Nichtsdestotrotz saß der Schock bei den Girls tief. Keine Ahnung woher dieser Kerl kam, aber er sah genug schlimm aus, um die Mädels zu schockieren. Er musste sich beeilen, um die eigentliche Show zu starten. Es wurde eine gelungene Show! Dem Girl auf dem Stuhl gefiel wohl mein eingeölter Körper sehr gut. Sie betonte immer wieder, wie gut ich duften würde. Dies ist in meinen Augen eines der schönsten Komplimente, die man von jemandem erhalten kann. Zu bedenken ist, wie stark man bis dahin schon geschwitzt hat. Echt toll! Das brachte mich kurz in Verlegenheit. Auch das hat sich in all den Jahren bei solchen Komplimenten nicht geändert.

Die Stimmung war ausgelassen, wie mir die anwesenden Girls versicherten. Das war auch bitter nötig nach dem Santa Claus. Sie hätten wohl den Organisator noch erwürgt.

Auf jeden Fall war dies ein großartiger Einstieg in meine Stripper-Laufbahn. Sehr lustig war es, anschließend mit den Girls zusammenzusitzen und die Show Revue passieren zu lassen.

Am meisten ist mir bei diesem Kostüm der Moment in Erinnerung geblieben, als ich die Maske abnahm und mir die Girls aus nächster Nähe in die Augen schauten. Ich hörte ein „Wow, oohh, oh mein gott". Die verschiedensten Reaktionen waren immer sehr bewegend. Mit Komplimenten für meine Augen berührt man mich heute noch, dann wird auch Roy mal sehr verlegen.

Das Phantom sollte allerdings bald Geschichte sein. Es wurde ziemlich schnell langweilig, das merkte man auch den Ladys an.

So wurde der Polizist ins Leben gerufen. Diese Fantasiefigur wurde dann bei den Damen der absolute Renner: der US-Cop, versteht sich.

In Berlin stolperte ich in einem Fetisch-Laden zufällig über ein NY-Policedepartment-Hemd, das natürlich sofort gekauft wurde. Obwohl der Preis reduziert war, kostete es mich immer noch schlappe 120 Euro. Damit war der erste Schritt zum Cop gemacht. Die Hose war eine einfache schwarze Bundfaltenhose, die weit ausfiel, dazu schwarze Kampfstiefel und eine billige Police-Kappe aus dem Fasnachtsinventar. Die Waffe kam aus einem Spielzeugladen. Eine standesgemäße Sonnenbrille durfte natürlich nicht fehlen. Davon habe ich einige in Italien auf dem Markt sehr günstig erworben. Bei den Ladys entpuppten sie sich als äußerst begehrte Trophäe.

Irgendwie fehlte noch etwas. Als wäre das Gesamtkunstwerk noch nicht vollendet.

Genau! Der Polizist sollte durch eine Kutte getarnt werden. Also nähte Sandra eine schwarze Mönchskutte zum Überstreifen. Damit war der Cop alias Mönch perfekt.

So weit, so gut. Das nächste Ziel war Herisau. Die Fahrt dorthin musste diesmal mit dem Zug bewältigt werden.

Zu dieser Zeit war der Führerschein weg. Zwei der Girls holten mich am Bahnhof ab. Als sie mich sahen, berieten sie sich einen Moment und meinten, sie wollten gerne alles sehen. Anfangs war das eine Überraschung.

Dies könne ich nicht alleine steuern, entgegnete ich. Dazu sei ihre Hilfe nötig. „Darüber musst du dir keine Sorgen machen. Sie macht ganz bestimmt mit", kam es nur zurück. Dann fuhren wir mit dem Auto zum Auftrittsort.

Da waren jegliche Bedenken zerstreut. Die Stimmung und die Spannung, die in der Luft lagen, sprachen für sich. Schon am Anfang der Show waren ihre Hände sehr fleißig. Die anwesenden Freundinnen spornten sie regelrecht an. Beim Einölen des Oberkörpers verlor sie keine Zeit, denn ihre Hände glitten sehr schnell zwischen meine Beine, obwohl die Hose noch an war. Naja, die Hose öffnete sie im Nu, die Shorts waren auch blitzartig weg. Da stand er dann. Oder besser gesagt, da standen wir. Ich ohne Hose und dank ihrer öligen Hände, die über meinen Schwanz glitten, stand auch er ordentlich. Zu guter Letzt erreichte die Stimmung ihren Höhepunkt. Das Geschrei der Girls war ohrenbetäubend. Die Musik endete dann wohl oder übel und die Show auch, mit einer Erektion. Wer weiß, wie das ausgegangen wäre, wenn die Musik noch eine Weile angedauert hätte? Komischerweise war das oft der Fall, dass mit dem Ende der Musik auch alle anderen Geschehnisse aufhörten. Nicht immer, aber dazu kommen wir später.

Auf jeden Fall war ich für den restlichen Abend ein wenig durch den Wind. Ich habe dies jedoch sehr genießen können.

Die ganze Nacht lief dieser Film immer wieder vor mir ab.

Eigentlich hatte Pino solche Erlebnisse mehr oder weniger prophezeit. Anfangs war das schwer zu glauben, aber ich wurde eines Besseren belehrt.

Das Spezielle daran war, dass ja meistens immer alles gefilmt und fotografiert wurde und doch kaum etwas durchsickerte. Bei Junggesellenabschieden sowie bei Ladys Nights im privaten Rahmen wurde mit verschiedenen Cams gefilmt und dazu gesagt, dass dies hier das Material ist, was der Partner sehen darf und dies nicht. Chipkarten wurden einfach gewechselt und so weiter. Das war äußerst raffiniert. Da können die Männer einiges von den Damen lernen mit ihrem Geprahle und Herumposaunen.

Das Ganze lief recht gut. Die Anfragen kamen nur so hereingeflattert.

Oft wollten die Girls Fotos sehen, bevor sie buchten, was ja verständlich ist. Somit wurde das Email-Schreiben zur Gewohnheit und mit der Zeit mühsam.

Natürlich spielte ich mit dem Gedanken, eine Homepage zu erstellen, was das Verschicken der Fotos überflüssig machen würde.

Da ich mal ein Verhältnis mit einem talentierten Girl hatte, die das angeblich kann, klemmten wir uns sofort dahinter. Sie bekam alles Bildliche zugestellt und dann erstellte sie die Website.

Das ging alles sehr flott, bis sie fertig war. Nun ließ ich auch ordentliche Visitenkarten drucken und verabschiedete mich von den Automaten produzierten Karten. Das hat sich als sehr vorteilhaft und effektiv herausgestellt. Dann kamen Anfragen aus der ganzen Schweiz, von Orten, deren Namen ich noch nie gehört hatte. Auch aus Deutschland und Österreich erhielt ich Buchungsanfragen.

Die Krönung des Ganzen war schließlich, das Auto zu beschriften. Dies war ebenfalls eine sehr lustige Begebenheit.

Flüchtig kannte ich einen Schriftspezialisten. An ihn wandte ich mich letztendlich auch. Als das Beschriften ins Rollen kam, zeigte er seiner Frau Bilder davon. Sie lachte und sagte: „Er war der Stripper auf meinem Polterabend." Wie klein doch immer wieder die Welt ist! Die Beschriftung am Auto erregte ebenfalls Aufsehen. Oftmals wurde sie von den Ladys fotografiert und bewundert.

Auch die Reaktionen aus den fahrenden Autos waren sehr amüsant. Dabei ist schwer zu sagen, ob dadurch überhaupt ein Auftritt zustande gekommen ist. Aber das spielt nun keine Rolle mehr.

Nach wie vor ist die Mund-zu-Mund-Propaganda die wirksamste, ob negativ oder positiv. Meiner Meinung nach sind die meisten Auftritte auf Empfehlungen zurückzuführen.

Ich erinnere mich an einen Fall, in dem der Partner einer Frau anrief, um mich zu bestellen. Es handelte sich um einen Doppelgeburtstag zum 40. von zwei Frauen. Er fragte schon am Telefon, wie weit ich gehen würde. Sie wollten schon etwas sehen. Es seien schließlich nur Erwachsene anwesend. Es ist schon speziell, wenn ausgerechnet der Partner so etwas sagt. Wenn man bedenkt, wie eifersüchtig einige Männer sind.

Nun soll es eben auch die sehr offenen geben. Als es dann soweit war, im Rheintal übrigens, ging es schon ordentlich zur Sache. Kaum fiel die Hose auf den Boden, sorgte eine der Frauen dafür, dass ich eine Erektion bekam.

Ich hatte schon ein wenig Angst davor, dass sie mir einen blasen würde. Dem war aber nicht so. Das war dann wohl doch *too much*. Oder die Männer hatten zu dick aufgetragen und als es soweit war, hatten sie doch keine Freude mehr daran. Wie ich spüren konnte, haben sie den Girls mit komischen Gesten und Blicken zu verstehen gegeben, dass es wohl doch keine gute Idee war. Irgendwie habe ich es geschafft, die Show dennoch halbwegs wie üblich über die Bühne zu bringen.

Aber im Nachhinein muss ich schon sagen, dass es enorm geil war. Wenn sich die Gelegenheit wieder ergibt, werde ich dies sicher erneut genießen und zulassen. Auch wenn es ein einzelnes Girl ist.

So sollte es auch nicht dabei bleiben, denn jedes Jahr klopfte die Fasnacht an. Das waren schon sehr anstrengende Zeiten, die bis zum Urlaubnehmen führten. Die Nächte wurden sehr kurz, und manchmal ging ich ohne zu schlafen, direkt zur Arbeit. Das war sehr anstrengend, aber auch lustig und geil. Doch schließlich wurde es zu viel und ich musste mir frei nehmen.

Ob es im Thurgau, Rheintal oder Appenzeller Land war, überall sind die Frauen aus sich herausgekommen, auch bei der Luzerner Fasnacht und in Graubünden. Damit ist aber gemeint, wie ich es kennengelernt habe und nicht, wie man es aus dem Fernsehen und vom Hörensagen kennt. Die Auftritte sind ein vollkommen anderes Thema.

Sogar in Anwesenheit von Männern, was sehr unüblich ist.

Für gewöhnlich öffnen sich Frauen nur, wenn sie unter sich sind. Aber wehe, wenn losgelassen!

Zum Beispiel in Malbun, da war der Oberhammer. Dabei waren nur wenige Girls anwesend.

So um die zehn. Auf jeden Fall schnappte ich mir eine Brasilianerin und setzte sie auf den Stuhl.

Auf diese Weise geht es immer am besten.

Anfangs nahm die Show ihren üblichen Verlauf. Doch auf einmal, als ich mich beim Tanzen zu ihr drehte, hatte sie ihren Pullover ausgezogen. Inzwischen war ich oben ohne, kniete mich hin, hielt ihr Top unten und schaute ihr tief in die Augen. Damit wollte ich sie fragen, ob das Top weg kann. Sie streckte die Arme nach oben und somit war der Fall für mich klar. Langsam zog ich es ihr über den Kopf und die Stimmung wurde immer aufgeheizter. Sie war mit Freundinnen da und die feuerten uns ordentlich an. Als sie dann mit BH und Jeans dasaß, nahm die Show ihren Lauf. Tanzend wandte ich mich wieder ab, um mich weiter auszuziehen, drehte mich erneut zu ihr und stellte fest, dass zwei Knöpfe ihrer Jeans geöffnet waren. Schmunzelnd kniete ich mich wieder hin und zog ihr vorsichtig die Hose aus. Sie half mir dabei, indem sie ihren Hintern anhob. So saß sie nur noch in Slip und BH vor mir. Ihre Freundinnen waren aus dem Häuschen. Nun stimmte es nicht mehr so ganz, denn sie war fast nackt und ich noch in Hosen.

Dies änderte sie aber schnell. Sie riss sie mir einfach herunter. Zum Glück sind alle Hosen seitlich mit

Klettverschluss versehen, sodass sie schnell und unversehrt weggerissen werden können.

Jetzt war es wieder ausgeglichen. Nun stellte ich mich hinter ihren Stuhl, um ihren BH zu öffnen. Widerstandslos ließ sie es geschehen. Nun ja, da waren wir beide im Slip und oben ohne.

Das war eine hervorragende Gelegenheit, das Babyöl einmal anders anzuwenden. Sofort nahm ich die Flasche und ließ eine kleine Menge davon in ihre Hände gleiten. Auch in meine Hände gab ich etwas Öl. Dann glitten unsere öligen Hände über alle erdenklichen Stellen unserer Körper. Auch meine Shorts hatten einen Klettverschluss. Dies merkte sie sehr schnell beim Einölen. Natürlich griff sie hinein und knetete meine Pobacken und streifte über den Schwanz und ich bekam eine Erektion. Sie solle doch bitte auch die Shorts abreißen, sagte ich zu ihr. Dies ließ sie sich natürlich nicht zweimal sagen und erledigte es sofort.

Die Stimmung hatte ihren Höhepunkt erreicht. Da stand ich mit einen Ständer, sie in Slip und oben ohne und sie knetete meinem Steifen beharrlich mit ihren öligen Händen.

Irgendwie war mir danach, das Ganze abzubrechen und das tat ich dann auch. Ich war der Überzeugung, dass ich sie auf der Stelle hätte poppen können. Aber irgendwie ging mir dies gegen den Strich und das hat mir schlussendlich die Stimmung verdorben. Deshalb wollte ich lieber die Show beenden, bevor die Laune sank.

So wie es aussah, war auch niemand enttäuscht. Dass in einem solch ländlichen Nest so etwas abgehen könnte, hätte ich mir nie erträumen lassen. Aber das lag wohl daran, dass ein paar der Girls Brasilianerinnen waren. Auf jeden Fall musste ich im Laufe der Zeit meine Meinung ordentlich revidieren, was ländlich und Nester anbelangt.

Inzwischen waren einige Jahre vergangen. Anfangs hatte ich zwei bis drei Auftritte pro Jahr, aber es wurden schnell immer mehr. Vom Alter des Publikums variierte es enorm.

Das aktive Publikum bewegte sich zwischen 16 und 70 Jahren. Natürlich waren je nach Anlass auch ältere und jüngere Herrschaften dabei. Bei Geburtstagen kam es nämlich durchaus vor, dass Kinder oder Großeltern der Jubilare anwesend waren.

So komme ich zur ältesten Dame, die einmal zugesehen hat. Die Party fand am See in einer Villa mit ordentlichem Grundstück statt. Die Hausherrin war 85 Jahre alt. Eine kleine Wohnung war in diese Villa integriert. Dort wohnte eine Kollegin, die diese Party veranstaltete. Auf diesem Grundstück befanden sich neben einem Pferdestall auch noch ein Pool.

Als die Show starten sollte, hatten alle ein wenig Bedenken, denn die Hausherrin war anwesend. Nach dem Motto „Augen zu und durch" ging es dann aber doch los.

Wo die Dame während des Auftritts stand wusste ich, traute mich aber nicht zu ihr zu schauen, um zu sehen wie sie reagierte.

Alles lief genau nach Plan. Als die Show vorbei war, fragte ich sie, ob ich mich in ihrem Haus anziehen dürfe.

Sie bejahte und führte mich hinein. Während ich mich ankleidete, sagte sie auf einmal: „Früher musste ich nach Deutschland fahren, um so etwas zu sehen und heute habe ich es im eigenen Haus." Dabei strahlte sie wie die aufgehende Sonne. Das hat mich fast umgehauen und ich musste lachen.

Auch in alten Leuten kann man sich schwer täuschen.

Wenn wir bei der ältesten Kundin sind, komme ich auch noch zur jüngsten Beteiligten. Das war an Fasnacht im Rheintal.

Da war sogar ein Kumpel von der Polizei dabei. Es fing so an, dass zwei Girls da waren. Eine davon bat mich, ihre Kollegin auf den Stuhl zu nehmen. „Natürlich", sagte ich, „wenn sie das auch will."

Damals war noch ein Freund "Buddy", ein Stripper-Kollege dabei, der mir helfen sollte.

Als die Musik anfing, bewegte ich mich zur Auserwählten und nahm sie vorsichtig an der Hand.

Sie kam bereitwillig mit und saß auf den Stuhl. Viel Kleidung trug sie nicht, dafür, dass es Februar war. Top und Mini.

Wie gewöhnlich startete der Ablauf. Nun ja, wenn sie schon einen Mini trägt, mal sehen wie weit sie geht, dachte ich. Inzwischen war ich oben ohne und kniete nieder. Sanft legte ich die Zeigefinger auf ihre Knie. Die Beine gingen dann langsam auseinander. Alles klar, dachte ich mir und rutschte dazwischen, damit nicht alle ihren weißen Slip sahen. Ich schaute ihr in die Augen und sie sagte einfach: „Mach nur."

Hm. Dann rutschte ich zurück und dachte, mal schauen du Luder. Ich legte meine Zunge auf ihr linkes Knie und glitt dem Schenkel entlang. Sie machte mir immer mehr Platz, indem sie die Beine weiter spreizte.

Dann schloss ich die Augen und weiter ging's, bis ich beim Slip ankam. Darauf öffnete ich die Augen und suchte Augenkontakt zu ihr. Die Art wie sie mich ansah, hat meinen Puls höherschlagen lassen. Gut, dachte ich, schaute ihr zwischen die Beine und durch das Rasieren sah ich den Spalt ihrer Muschi. Ich legte meine Zunge auf den Anfang des Spalts und glitt nach oben. Sie spannte den Körper an und ihre Augen glänzten immer mehr. Das Publikum hat ohne Ende getobt. Danach machte ich einen Fehler, wenn man das so bezeichnen kann. Ich nahm eine Nase voll ihres Duftes. Das duftete so gut, dass ich innerhalb von Sekunden einen Harten bekam. Sofort stand ich auf und ließ sie mich einölen. Ich zog die Hosen aus und sie ließ sich nicht lange bitten. Der Ständer blieb, da auch Männer im Publikum waren, wollte ich ihnen dies nicht antun, habe deshalb die Show abgebrochen. Es war mir einfach unangenehm. Buddy musste mir den Hut überreichen, damit ich den Ständer abdecken konnte...

Anschließend habe ich mich mit diesem Girl unterhalten. Es stellte sich heraus, dass sie erst 14 war.

Das hat mich echt umgehauen. Als ich mit dem Kumpel von der Polizei darüber geredet habe, meinte er nur, dass ich fein aus der Sache bin. Wenn, dann kriegt der Wirt Probleme, wenn eine 14-Jährige Dienstags um Mitternacht bei ihm in der Bar ist. Aber dass ich so scharf wurde ihretwegen, machte mir schon Bauchschmerzen. Er sagte, dass er allein vom Zuschauen scharf geworden sei. Darüber mussten wir doch lachen. Das waren zusammengefasst die Jüngste und die Älteste der Mitwirkenden.

Kommen wir doch noch mal zu einem 70. Geburtstag, für die ich auftreten durfte.

22

Diese Dame war äußerst amüsant. Für sie durfte ich als Polizist strippen. Wegen der Tarnung in einer Mönchskutte, ist beim Hereinlaufen auch immer eine brennende Kerze im Spiel.

Die Kutte bleibt die ersten fünf Minuten noch an, bevor es ans Ausziehen geht.

Die Dame hat sich so sehr gefreut über diese Überraschung, dass sie kaum zu halten war.

Ihre Hände waren an jedem Körperteil, bevor es richtig Losging. Ich musste lachen und sagte zu ihr: „Langsam, langsam!" Sie entgegnete nur: „Nix da. Ich werde nie wieder die Gelegenheit haben, einen solch jungen und knackigen Mann in meinen Händen zu haben."

Ich musste so lachen :-)

Der Ablauf war letztendlich wie üblich.

Es ist wirklich nicht einfach, das alles niederzuschreiben. Wenn es einfach eine Geschichte wäre, aber das ist es eben nicht, sondern es sind mehrere.

So nahm die Geschichte ihren Lauf. Eines Tages kam eine Anfrage für die Extasia.

Diese Erotikmesse fand damals noch im Hallenstadion Zürich statt.

Das Angebot passte und somit nahm ich an. Abgemacht waren Freitag- und Samstagabend und zusätzlich Sonntagnachmittag.

Als ich dort ankam und mir alles angesehen hatte, zog ich mich um.

Es gab auch einen Privatbereich, wofür die Girls separat bezahlen mussten.

Noch zwei weitere Jungs waren anwesend, die aber noch nie zuvor gestrippt hatten.

Anfangs war es vollkommen ruhig im Raum. Es waren nur wenige Girls am Start. Bis drei Zürcherinnen gemeinsam dazugestoßen sind.

Es hat damit angefangen, dass die eine mir ihren Sekt so über dem Bauch geleert hat, dass mir alles über den Schwanz gelaufen ist. Eiskalt war das.

Sie meinte nur: „Nimm den Hut beiseite, ich möchte es ablecken", was ich natürlich vor allen anderen nicht machen konnte.

Der Veranstalter war schließlich auch anwesend und beobachtete alles.

Ich sagte zu ihnen, dass es im Privatbereich mehr zur Sache ginge, ganz legitim.

Sie bezahlten den Aufpreis und ab ging's in die gute Stube.

Dort legte ich einen Kurzstrip vom Feinsten hin, und da stand er erneut. So wie die eine mich anschaute, bekam ich sehr schnell einen Steifen.

Sogleich fing die Erste an, mir einen zu blasen. Kurz darauf die Zweite: „Ich will auch!" Dann machte sie weiter. Und zugleich meinte die Dritte, dass sie auch wollte.

So fühlt sich wohl das Paradies an, dachte ich mir insgeheim. Einfach himmlisch, dieser Anblick.

Auf einmal sagte die eine: „Hey Girls, wer schluckt von euch?" Ich dachte, ich hätte mich verhört.

Die Erste sagte, dass sie es wegen ihres Freundes nicht machen würde. Die Zweite sagte, sie mache es auch nicht. „Dann mache ich es eben", sagte die Blasende. So ging es abwechselnd weiter, bis ich abspritzen musste. Tatsächlich hat sie alles geschluckt. Was ja bei mir nicht wenig ist.

Ich durfte schon oft hören, dass ich enorm viel abspritze. Eine hat sogar mal gesagt, dass man kaum nachkommt mit Schlucken, weil so viel Nachschub kommt.

Das war einfach nur geil.

Da es erst Freitag war und der Veranstalter natürlich alles mitbekommen hatte, durfte ich gleich mein Zeug packen und verschwinden.

Somit wurde abgerechnet und dann streifte ich noch ein wenig durch die Messe.

Alles was in der Pornobranche Rang und Namen hatte, war dort vertreten.

Zufällig kannte ich einen Produzenten, den ich lachend begrüßte.

Wir kamen ins Gespräch und ich erzählte ihm was vorgefallen war.

Er lachte nur und wollte, dass ich gleich bei ihm am Stand weiter-„arbeite".

Gesagt, getan. Ich packte alles nach hinten, zog etwas Strippermäßiges an und blieb an der Front.

Da war auch ein Pornosternchen mit dabei, wie sich später herausstellte. Ich hatte sie anfangs nicht gleich erkannt. Sie war damals die erfolgreichste Pornodarstellerin in Europa.

Nun mussten wir uns etwas ausdenken, wie wir eine Show darbieten konnten, die es in sich hatte.

Die Idee war, sich eine Passantin oder zwei zu schnappen und sie dazu zu bewegen, quasi das Opfer zu mimen.

Die Profis waren dem Produzenten und mir ein wenig zu krass.

Ich stürzte mich ins Getümmel, wartete bis zwei Girls an mir vorbeigingen, die in das Beuteschema passten und sprach sie an. Ich schilderte ihnen die Situation und sie willigten sofort ein.

Das wurde zwar kein magischer Auftritt, war aber trotzdem lustig.

Bis schlussendlich doch beide bereit waren, mit mir nackt in den Whirlpool zu steigen.

Obwohl keine sexuellen Aktivitäten stattfanden, war es sehr prickelnd und die Gedanken heiß.

Aus meiner Sicht auf jeden Fall.

Später kam noch ein Pornosternchen dazu. Wir saßen zusammen am Stand und redeten über das Rasieren. Die eine fragte, wie wir das mit den Pickelchen usw. lösen.

Darauf hatte ich keine Antwort und kein Patentrezept für die beiden.

Die andere sagte, dass sie eine Kortisonsalbe benutze und zog den Rock hoch. So präsentierte sie uns ihre makellose Muschi, denn ein Höschen trug sie selbstverständlich nicht.

Die Passanten wurden neugierig, denn sie kannten beide aus den Filmen.

Alles was möglich war, wurde fotografiert. Klar war, dass sie das bemerkte und den Spannern noch mehr zeigte. Natürlich stellten beide genussvoll ihre Muschis zur Schau.

Als wäre es eine Intim-Demonstration und das war es ja im buchstäblichen Sinne auch.

Mich amüsierte es, wie offen sie damit umgingen. Aber das ist ja von solchen Girls auch zu erwarten – wenn nicht sie, wer dann?

Das waren in etwa die Highlights dieser Extasia, die ich danach nie wieder als Mitwirkender betrat, sondern nur noch als Gast.

Auf jeden Fall war dies ein kurzer, aber äußerst interessanter und lehrreicher Freitag.

Die Bekanntschaft mit den Pornosternchen hatte noch ein angenehmes Nachspiel.

Als ich aufbrechen wollte, fragte sie mich, ob ich sie noch mit zur Aftershow-Party begleiten würde.

Gehört hatte ich schon davon und auch, dass sie sehr krass sein soll.

Ich musste nicht lange überlegen und sagte ihr zu.

Zusammen fuhren wir mit meinem Auto ins Hotel, das ungenannt bleibt. Nur soviel: Es liegt in Zürich.

Dort betraten wir eine Suite. Offensichtlich waren wir die Letzten. Alle Anwesenden waren nackt und teils sexuell aktiv. Insgesamt waren es neun Frauen und sieben Männer.

Mir fielen fast die Augen aus dem Kopf, als ich sah, dass Lexington Steele dort saß und vier Hände seinen Schwanz hielten, es schaute noch die Eichel hervor. So ein Riesending kam mir noch nie unter die Augen.

Unglaublich dieser Anblick. Den Afro-Jungs eilt dieser Ruf zwar voraus, aber sein Ding misst 35 cm. Spektakulär.

Nichtsdestotrotz starrte Miriam mich an und zog mich dann aus. Gehorsam tat ich ihr gleich und zog auch sie aus. Sanft, aber sehr willig stürzten wir uns unters Volk.

Schnell ging es zur Sache ohne Rücksicht auf Verluste.

In dieser Nacht hatte ich mit allen neun Frauen ungeschützten Sex. Das galt aber auch für alle anderen Jungs. Zeitweise kam man sich vor wie in einem Film. Aber wir lachten auch sehr viel. Es war echt sehr amüsant sowie auch äussest geil.

Anal da, oral bei einer anderen und vaginal wieder eine andere. Absolut krass das Ganze und so wiederholte sich die Aktivität immer und immer wieder. Die halbe Nacht lang. Noch nie sass ich so zerstört, verstört im Auto und fuhr nach Hause wie in Trance.

Es war das Paradies und zugleich die Hölle auf Erden.

Noch nie hatte ich solche Angst, mir etwas eingefangen zu haben.

Brav wartete ich drei Monate und machte dann bei meinem Arzt den HIV-Test.

Wie immer erzählte ich ihm alles, was ich so trieb. Ich vergesse nie, was er für Augen gemacht hat. Das war vielleicht ein ordentlicher Gangbang.

Heute sehe ich dies als lehrreiches Erlebnis.

Eines dieser Girls aus der besagten Nacht kontaktierte mich danach, um zu fragen, ob ich nicht auch mal in einem Porno mitwirken möchte. Sie wolle auch mal mit jemandem Sex haben, der ihr gut gefällt.

Das war ein richtig tolles Kompliment! Es ist schon speziell, dass diese Girls vor der Kamera einfach funktionieren, obwohl ihnen die Partner meist gar nicht zusagen. Was man nicht alles hinnimmt für das liebe Geld! Dieses Business ist ja auch sehr lukrativ, hat aber dank Internet stark nachgelassen. Wer gibt schon 100 Euro für einen Film aus, wenn er sich das meiste aus dem Internet gratis herunterladen kann.

Auf jeden Fall sagte ich ihr, dass ich mir dies einmal ansehen möchte, um einmal bei einer Produktion dabei sein zu können.

Was ich natürlich auch getan habe. Dieser Dreh war in Berlin und ein anderer in Zürich.

Dieses Erlebnis war sehr inspirierend und faszinierend. Bei den Dreharbeiten wird auch sehr viel gelacht. Erstaunlicherweise haben die Darsteller neben den Drehs genauso viel Sex miteinander wie währenddessen. Für die Männer ist es schon sehr anstrengend, einen Ständer zu kriegen und dann noch am liebsten auf Befehl zu kommen. Es sind ja noch einige am Set, die zuschauen. Regisseur, Produzent, Visagistin, Kameraleute und so weiter und natürlich Darsteller. Zu guter Letzt noch Zuschauer, wie ich einer war. Dies ist anscheinend nicht unüblich.

Da verwundert es kaum einen, dass manchmal nachgeholfen werden muss, mit Viagra und ähnlichen Präparaten.

Da haben es die Frauen schon einfacher. Ein Loch muss ja bekanntlich nicht stehen. Man benutzt Gleitgel und alles läuft.

Nach einiger Zeit bekam ich eine Anfrage für einen Dreh in Zürich. Die Zusage gab ich ziemlich schnell.

Bei dem Dreh war noch eine Schweizer Darstellerin dabei. Sie war ungeheuerlich sportlich und sexy, und sehr sympathisch noch dazu. Es wurde ein sehr lustiger und harmonischer Sex. Einfach traumhaft, wie alles bestens funktioniert hat.

Andi war auch am Set. Wir hatten uns auf der Extasia kennengelernt. Er ist ein toller Typ, wir haben heute noch Kontakt.

Er wirkte oft als Fotograf bei diversen Pornodrehs.

Auf jeden Fall blieb es nicht der letzte Dreh. Aber nach Berlin bin ich nie an Set gegangen. Nur hier in der Schweiz kam es zu ein paar wenigen. Obwohl noch Jahre später ein Mädel aus Berlin angefragt hat. Sie haben bis zu 2 000 Euro geboten. Das war schon ein verlockendes Angebot.

Da war aber schon meine jetzige Partnerin im Spiel und das war nicht zumutbar.

Ich blieb deshalb nur noch beim Strippen.

Es ist fast schon unglaublich, wie das Weitergeben meiner Handynummer und allgemein die Weiterempfehlung ihren Lauf nahmen. Vom Münstertal (Val Müstair) bis zum Wallis kamen Anfragen.

Auch aus Deutschland und Österreich.

Die Auftritte im Ländle waren immer sehr speziell. Das ist so ein freizügiges Völkchen, einfach genial.

Vor allem im Montafon, dort waren es insgesamt sieben Shows. Erstaunlicherweise sind meist fast immer dieselben Girls dabei und immer ist derselbe Mann im Spiel. Auf die Frage, ob es mal ein anderer sein soll, sagte einmal ein Girl „nee, des passt scho". Anscheinend ist ihnen immer derselbe nicht zu langweilig geworden.

Und diese Stimmung, die jedes Mal an den Tag gelegt wurde, ging mir echt unter die Haut.

Einmal kam meine Partnerin Petra mit. Sie begleitete mich nicht oft, denn einmal beklagte sich ein Girl, dass sie sich bei ihrer Anwesenheit nicht so kreativ entfalten konnten. Ich denke noch oft daran, was die wohl noch alles mit mir vorhatten :-)

Nun ja. Ins Montafon kam sie mit und da dachte ich mir gleich jenes aus. Zuvor buchte ich ein Hotelzimmer in Bartholomäberg im Fernblick. Das sollte eine Überraschung werden.

Wir fuhren früh los und direkt ging es ins Hotel. Petra war doch überrascht. Das war also eine gelungene Sache.

Gebucht war nur die Übernachtung mit Frühstück. Als wir so gegen 19 Uhr ankamen, fragten sie uns, ob wir dinieren wollten. Obwohl wir dies nicht inklusive hatten, setzten sie uns ein 5-Gang-Menü umsonst vor.

Das war tierisch genial. Das Ländle und ihr Volk eben. Einfach zum Verlieben.

Petra hat ordentlich zugeschlagen, im Gegensatz zu mir. Ich konnte ja nicht mit vollem Magen auftreten. Deshalb hielt ich mich zurück und kostete nur von allem ein wenig.

Später ging es dann zu den Mädels, die schon sehnsüchtig warteten.

Die Show ging perfekt über die Bühne. Was ja nicht immer der Fall war.

Anschließend war der Hotelaufenthalt angesagt. Das Frühstücksbuffet war riesig und richtig lecker. Da wurde ordentlich reingehauen. Natürlich genossen wir noch ein paar Stunden den Wellnessbereich und dann ging es langsam wieder nach Hause.

Diese Mädels kamen später noch auf eine geniale Idee.

Sie mieteten einen Partybus und den sollte ich als Polizist anhalten. Dort befand sich ein Restaurant, das damals geschlossen war. Auf dem riesigen Parkplatz ließen wir das Auto stehen und warteten einfach. Nur das eine Fahrzeug stand da. Aber um das Gasthaus schlichen zwei ältere Damen herum, die anscheinend die Wirtinnen waren. Sie erledigten allerlei Arbeiten am Gasthaus. Sie schauten mich dauernd so fragend an und sprachen mich schließlich an und fragten, was ich denn hier genau mache. Ich erklärte ihnen, dass in Kürze ein Partybus vorbeifahren würde, den ich anhalten und quasi kontrollieren musste. Dann für die Damen strippen darf. Sie fragten lächelnd: „So wie die Chippendales?" „Genau", entgegnete ich lachend. Das fanden sie äußerst amüsant.

Das war vielleicht ein Erlebnis. Die ganze Zeit hatten der Fahrer und ich Kontakt, damit ich genau wusste wo sie waren.

An der vereinbarten Stelle, stellte sich der Cop an die Straße und stoppte den Bus.

So startete der Fahrer die Musik und von weitem hörte ich schon das Gejaulele der Girls. Beim Einsteigen in den Bus war die Hölle los. Es schien so, als wüsste niemand von meinem Auftritt, so ausgetüftelt war diese Session. Zum Ausziehen hatte ich jede Menge Hilfe. Es interessierte keine, dass dies eigentlich das Privileg der Braut ist. Von allen Seiten wurde geholfen, die Klamotten abzulegen. Als es zu Ende ging und alle Hüllen gefallen waren, wollten sie mir die Kleider kaum noch aushändigen. Ich solle doch gleich nackt bei ihnen bleiben. Natürlich war ein Tuch um mich gebunden :-)

Das war ein absoluter Top-Auftritt, den sogar Marco, ein inzwischen guter Freund, der als „Anstandsdame" mitgekommen war, fast aus den Socken haute.

Voller Begeisterung und Euphorie fuhren wir anschließend wieder zurück.

Dies war mit großem Abstand einer der amüsantesten Auftritte.

Einmal gab es da eine Show in Österreich, im tiefsten Winter in einem Berggasthof.

Angeblich in 10 Minuten zu Fuß vom Parkplatz aus erreichbar, auf dem das Auto stand.

Dies war natürlich kompletter Blödsinn. Nach einer halben Stunde im Schnee mit der Tasche war schon alles nass vom Schwitzen. Sehr anstrengend war das.

Da tauchten ein paar Holzhütten auf, die teils bewohnt aussahen. Bei einer klopfte ich und tatsächlich kam ein Mann an die Tür. Den fragte ich, wie weit es noch bis zum Gasthaus sei. Noch weit, meinte er, aber er könne mich gerne mit dem Schneetöff hinfahren. Dieses Angebot war überaus freundlich und einfach genial. Es war sehr kalt, aber voll cool, so durch die Nacht zu rasen. Oben angekommen, wollte er sogar warten und mich anschließend zum Auto zurückbringen. Einfach einmalig, dieser Kerl. Made in Austria eben. Die Show war eigentlich top – trotz der Strapazen. Super Stimmung und sie machten voll mit. Danach ging es wieder bergab mit dem Schneemoped...

Herrlich, diese sternenklare Nacht. Eiskalt, aber diesmal trocken und deshalb viel angenehmer. Er fand das wohl genauso toll. Noch nie hätte er so etwas gesehen und auch nicht, dass Frauen so aus sich herauskommen können. Wir wechselten noch ein paar Worte und dann ging es wieder zurück in die Schweiz.

Solche Erlebnisse erwärmen das Herz, in dem man diese noch lange trägt, um immer wieder voller Begeisterung davon zu erzählen.

Man darf auch nicht außer Acht lassen, diese Augen der Girls, wenn sie den Körper mit Babyöl oder

Ähnlichem einreiben. Anfangs war Babyöl ganz in Ordnung, aber mit der Zeit waren die Duftstoffe darin unvorteilhaft, es kam zu Hautreizungen und Pickeln. Dann war Eros Silikon Öl angesagt. Völlig geruchlos und einfach genial, dieses Gleitmittel. Nur kriegten die Mädels dies nur mit Seife von den Händen. Aber diese Blicke und der Genuss sind einfach himmlisch. Das Genießen beruhte zumeist auf Gegenseitigkeit. Allerdings war es nicht immer wirklich ein Genuss. Manchmal waren die Girls so betrunken, dass es echt schlimm war und der Auftritt absolut keinen Spaß machte.

Die eine wusste hinterher nicht einmal mehr, wer ich bin. Die Trauzeugin kam in die Umkleide, um abzurechnen und die Braut ist ihr gefolgt. Ich stand da noch in Unterwäsche und sie fragte, wer ich denn sei.

Mit großen Augen schauten die Trauzeugin und ich uns an. Ich stellte mich vor und sagte, dass ich soeben für sie gestrippt hätte. Sie hatte keinen blassen Schimmer mehr. Nicht einmal, als ihr die Fotos und Videos von der Show gezeigt wurden. Angeblich wusste sie auch am Tag danach von nichts mehr. So etwas ist tragisch und traurig zugleich. Bei meinem Kollegen Buddy, kam es sogar einmal vor, dass er die Braut am Polterabend dabei antraf, als sie sich gerade übergab. Die Show fand nicht einmal statt.

Dies war zum Glück äußerst selten der Fall, dass die Mädels so betrunken waren.

Man trainiert ja nicht drei bis viermal in der Woche, um dann solche Enttäuschungen zu erleben.

Das war mitunter auch ein Grund, weshalb das Aufhören ziemlich einfach war. Mit den Jahren hat es sehr gestört, sich dauernd bei dem Gedanken zu erwischen, dass man noch trainieren müsse. Nun ist es so, dass man trainieren kann, wenn man möchte. Ein befreiendes Gefühl.

Ich habe aber auch Stripper erlebt, denen es große Schwierigekeiten bereitete, mit dem Strippen aufzuhören. Sie wollten es sich einfach nicht eingestehen, dass es an der Zeit ist, die Show und die Kostüme an den Nagel zu hängen.

Einer hat sich tatsächlich ein Sixpack implantieren lassen und dachte, dass er so noch weitermachen könne. Aber dass man ihm das Alter mehr als angesehen hat, daran hat er wohl nicht gedacht und er beklagte sich permanent darüber, dass er keine Aufträge mehr bekam.

Anfangs dachte auch ich, dass ich große Mühe mit dem Aufhören haben würde. Auch meine Partnerin befürchtete Schlimmes, wenn es für mich an der Zeit ist. Dies war allerdings ein Irrtum. Darüber sind wir beide sehr froh gewesen. Die Entscheidung war schließlich sehr einfach.

Es ist ja auch toll, jedes Wochenende für sich zu haben. Zu Spitzenzeiten waren es immerhin bis zu fünf Auftritte pro Wochenende.

Da blieb kaum Zeit für Privatleben und Partnerin.

Dafür ist es eben jetzt um so toller, so viel Zeit miteinander zu haben.

Inzwischen kamen auch oft Anfragen für Go-go-Tänzerinnen und Stripperinnen. Davon durfte ich glücklicherweise in den letzten Jahren einige kennenlernen.

Da war eine junge Tänzerin dabei, die unbedingt lernen wollte, wie man Stripperin wird. Sie war unheimlich hübsch, und einen Traumkörper hatte sie auch. Schwarze lange Locken fielen über ihre Schultern, Oberweite 75 D, und wie sich später herausstellte, standen ihre Brüste auch noch wie eine Eins.

Ich wollte ihr natürlich helfen, aber so einfach war das nicht.

Kurz darauf kam eine Anfrage für eine Livesex-Show bei einem Firmenessen. Man stelle sich das bloß mal vor! Ich dachte erst, dass ich mich verhört hätte. Ich fragte den Mann am Telefon, ob auch Lehrlinge dabei sein würden und er bejahte.

Das könne doch zum Problem werden, oder? Er meinte, nein. Ein paar Tage bräuchte ich schon zum Suchen. Ich dachte sofort an Adriana. So hieß die junge Dame.

Umgehend rief ich sie an und erklärte ihr die Situation. Zuerst eine Strip-Show von uns beiden zusammen und dann eine Livesex-Show. Ich musste lachen, als sie fragte, mit wem sie denn Sex haben soll.

Na, mit mir, war die Antwort. Ich musste ihr eine Nacht zum Überschlafen geben. Am nächsten Tag rief sie mich an und stimmte zu.

Nun war Üben angesagt. Am Abend trafen wir uns bei ihr, um dies zu tun. Als Erstes testete ich, wie bereit sie wohl ist. Sie saß auf einem Stuhl und schaute mich an. Dies natürlich angezogen.

Langsam ging ich auf sie zu, setzte mich auf ihren Schoß und begann sie zu küssen. Dieser Kuss dauerte etwa 30 Sekunden. Genauso solltest du dann vor dem Publikum funktionieren. Es wäre schlimm, wenn du plötzlich blockierst, sagte ich zu ihr. Sie meinte nur, dass sie damit kein Problem hätte. Wir werden sehen.

Viel Zeit blieb dann nicht mehr, fürs Üben und das Zusammenstellen ihres Kostüms.

Wir gingen in einen Sexshop und entdeckten dort ein sexy Police-Outfit für sie. Das kaufte ich ihr sofort.

Zusammen konnten wir sonst überhaupt nicht mehr üben. Da vertraute ich auf sie und ihr Talent.

Inzwischen rief mich Harald aus Österreich wieder an und meinte, dass die Livesex-Show doch zu heftig sei. Ob wir es beim Vorspiel belassen könnten. Natürlich ging das auch in Ordnung.

Als wir dort ankamen, wurden wir herzlichst von Harald und seiner Partnerin begrüßt.

Adriana hat noch eine Freundin als Unterstützung mitgenommen, die alles aufzeichnen sollte.

Als wir uns dann umgezogen haben, hat mich fast der Schlag getroffen. Die Angst, ob ich dann funktionieren würde, minimierte sich schlagartig, denn ich hatte sie ja schließlich vorher noch nie nackt gesehen.

Dieser Körper war einfach nur der Hammer :-)

Dann ging es endlich los. Adriana sollte sich den Harald schnappen und sich für ihn ausziehen und ich tat dasselbe für Anna. So hieß seine Partnerin. Das war schon mal eine gelungene Sache. Das gefiel den Angestellten, was da der Chef und seine Partnerin geboten bekamen.

Schließlich verließen sie die Bühne unter tobendem Applaus, als wir beide nackt waren.

Wir knieten uns nieder und schauten uns an. Schön nahe geschah dies, dass unsere Knie sich schon berührten. Dann beugte ich mich nach vorn und steuerte auf ihre traumhaften Lippen zu.

Bei der ersten Berührung öffnete sie gleich ein wenig ihren Mund, um für meine Zunge Platz zu machen. Sehr gefühlvoll und zärtlich küssten wir uns. Schon lauerten Handys und Cams in unserer Nähe auf den besten Schnappschuss. Sanft fuhr ich mit den Händen über ihre Brüste, streichelte sie zart eine Weile und prompt hatte ich einen Steifen. Langsam erhob ich mich ein wenig, damit sie mühelos meine inzwischen schon pulsierende Eichel mit der Zunge berühren konnte. Vorsichtig fuhr sie mit den Lippen über die Eichel und fing an zu blasen. Hinterher bestätigte sie das Pulsieren im Mund gespürt zu haben. Unglaublich so etwas. Nach wenigen Sekunden legte ich sie auf den Rücken und bewegte meine Zunge über ihr Knie in Richtung Klitoris. Als ich die Schamlippen berührte, zuckte Adriana ein wenig. Somit ließ ich die Zunge zwischen ihren Lippen auf und ab gleiten und kreiste ein paarmal um und über die Klitoris. Inzwischen war ich so scharf und wollte nur noch in sie eindringen, sodass es Zeit für den Abbruch war. Vorsichtig bewegte ich mich zu ihrem Ohr und sagte zu ihr, dass ich so geil wäre und sie am liebsten ficken würde. Ihr ginge es genauso und ich solle meinen Schwanz aus der Nähe ihrer Muschi nehmen, sonst würde sie sich darauf setzen. Dann lächelten wir uns an, richteten uns wieder in die Ausgangsposition auf und fertig war die Traumreise.

Bei tobendem und applaudierendem Publikum gingen wir vorbei und begaben uns nach draußen, wo es eiskalt war. Damit wurde unser Schärfezustand ziemlich schnell abgekühlt.

Die Kollegin von Adriana meinte zu dem Ganzen nur: „Mein Gott, war das geil." Sie hat vorher weder ein Strip jemals gesehen und erst recht keine Livesex-Show. Aber auch ihr täte diese Kälte ganz gut zum „Abschärfen", wie sie es formulierte. Das war dann vielleicht ein Gelächter.

Auch Anna und Harald waren hellauf begeistert. Wir waren echt froh, weil wir ja keine Vorbereitung hatten. Allerdings war die Aufnahme leider ziemlich dunkel, sodass kaum etwas auf den Bildern zu erkennen war.

Es sollte wohl nicht das letzte Mal gewesen sein, dass Harald ein Girl oder mich gebucht hat.

Ein absolutes Top-Erlebnis war das. Einfach richtig geil.

Voller Begeisterung und Freude fuhren wir nach Hause. Dies änderte sich leider ziemlich bald.

Es kam kurz darauf dazu, dass wir zu dritt nach Santa Maria im Münstertal (Val Müstair) fahren durften. Sie wollten zwei Girls und einen Kerl. Da nahm ich, wie der Zufall es wollte, Adriana und ihre Kollegin mit. Sie hatte auch Spaß daran gefunden und wollte es ebenfalls lernen.

Auch dort verbrachten wir einen wunderschönen Abend. Dort war es noch viel kälter draußen. Minus 25 Grad. Das war absoluter Wahnsinn. Das ist dort nicht selten der Fall. Sie hatten da jedes Jahr von Weihnachten bis Neujahr eine Woche lang Party mit verschiedenen

Mottos. Dafür wurde extra ein Partyzelt aufgestellt, aufwendig dekoriert und ordentlich beheizt.

Dieses Hobby war leider auch mit weniger erfreulichen Ereignissen verbunden. Trotzdem ist mir die Val Müstair sehr positiv in Erinnerung geblieben. Ich durfte zweimal dorthin für einen Auftritt. Eine wunderschöne Gegend mit angenehmen Leuten. Nebst den netten Läuten, wurde auch die Hotelübernachtung bezahlt, was ja nicht selbstverständlich ist. Auch im Hotel waren alle sehr freundlich und zuvorkommend.

Leider wurde nichts aus der weiteren erfolgsversprechenden Zusammenarbeit mit Adriana. Der Kontakt ist versandet und alles war geradewegs so, als hätte es nie stattgefunden. Ich habe keine Ahnung, wie es dazu gekommen ist. Es sollte wohl aus irgendwelchen Gründen nicht sein. Das habe ich sehr bedauert.

Nach wie vor ist unklar, welcher Auftritt als bester bezeichnet werden kann. Ist sehr schwierig, dies zu definieren.

Aber dieser hier gehört sicher zu den Favoriten:

Es war ein 17. Geburtstag in Güttingen. Demnach waren auch Jungs dabei. Aber natürlich waren mehr Girls anwesend. Dort angekommen, fand ich ein schönes Einfamilienhausquartier am Rande des Geschehens vor. Die Mutter der Gastgeberin schnappte sich den Hund und meinte, dass sie nun die Girls allein mit mir lasse, damit diese es mehr genießen könnten.

Das war so ein Gekreische, dass zeitweise nicht mal mehr die Musik zu hören war. Absolut genial diese Stimmung und alles im grünen Bereich. Als die Mutter mit dem Hund zurückkam, lachte sie und sagte: „Habt ihr noch nie einen nackten Mann gesehen?" Das Geschrei war noch sehr weit zu hören. Einsame Spitzenklasse. Im Nachgang erscheint diese Hysterie übertrieben, aber im Moment des Geschehens ist es einfach nur atemberaubend.

Das erleben die Frauen selbst bei den Chippendales oder Six Paxx nicht anders.

Auch Buddy und die anderen Kollegen geben zu, dass dies ein unbeschreibliches Gefühl in einem auslöst.

Das ist aber nicht immer so. Es kam auch schon vor, dass bis zum Schluss Totenstille herrschte. Da kommen einem Zweifel auf. Was ist nur falsch gelaufen? Hätte ich irgendetwas besser machen können? Nichts dergleichen, meinen die Girls. Top Show, alles super, kam dann als Echo. Das sollte man dann so hinnehmen. Obwohl Zweifel bestanden. Es sind eben nicht alle so extrovertiert, sagte ich mir dann.

Wie auch in St. Moritz einmal. Da war ein Geburtstag angesagt und sie waren nur zu viert.

Alle vier hielten ein Cüpli (Champagner, versteht sich) in der Hand. Somit konnten alle ein wenig in die Show miteinbezogen werden. Jedes Mal musste ich allerdings jeder das Glas aus der Hand nehmen, um mich berühren zu lassen. Dieses Spielchen ging den ganzen Auftritt lang. Das war nicht besonders berauschend, vorsichtig formuliert. Sie starrten mich nur an, kein Lächeln, nichts. Da kamen auch wieder Zweifel auf. Doch anschließend bedankten sie sich und fanden es Granate, was nicht wirklich glaubhaft wirkte.

Auf jeden Fall bedankten sie sich nochmals per sms. Es ist ja auch ein weiter Weg dahin, und der Abend war damit gelaufen.

Wie dem auch sei. Die meisten Auftritte waren ja zum Glück stimmungsvoll.

Oftmals wurde ich gefragt, was für Werbung ich mache. Nur die Homepage und die Autobeschriftung genügten, denn die Anfragen kamen deshalb so regelmäßig, weil ich mich nach jedem Auftritt via Whats App oder SMS bedankt habe, dass ich für sie auftreten durfte. Manchmal geschah dies gleich nach der Show oder am nächsten Tag. Ich bin der Überzeugung, dass dies sonst nie jemand gemacht hat. Manche Stripper denken sogar, dass die Girls froh sein können, dass er gekommen ist.

Das ist eine völlig falsche Einstellung und brandgefährlich. Immer ehrlich, freundlich und bescheiden bleiben, war mein Motto.

Ich durfte doch auch mit gutem Gewissen sagen, dass ich mir vor Nervosität fast vor jedem Auftritt in die Hose gemacht habe. Das war praktisch jedes Mal der Fall.

Dies habe ich in all den Jahren nie in den Griff bekommen und auch nicht verstanden. Bis eines Donnerstags in Zürich. Nach einer Show begab ich mich ins Kaufleuten, wo ein bekannter von mir als Türsteher arbeitete. Er stellte mir Anastacia vor. Sie hatte dort gerade ein Konzert. Das erste Mal dass ich mit einem Star reden durfte. Somit kamen wir ins Gespräch. Dies war eine Riesenehre für mich, mal mit einer Berühmtheit in aller Ruhe zu plaudern. Natürlich kam es schnell von mir zur Frage: „Bist du eigentlich nervös vor deinen

Auftritten oder Shows?" Sie war ziemlich überrascht über diese Frage und wollte auch wissen, warum ich das wissen möchte. Sie sei jedes Mal sehr nervös, aber das müsse auch so sein. Sie bezeichnete es als „die Selbstkritik, immer besser zu werden und immer das Beste zu geben" oder anders formuliert: „Wer aufhört, besser zu werden, hat aufgehört gut zu sein." Als ich ihr dann von meinem Leiden erzählte, war sie sehr angetan und wollte sich gleich Musik beim DJ wünschen, damit ich für sie strippen kann. Das war mir dann doch zu viel des Guten.

Wenn sie mich anfassen würde, wie dies zumeist so abläuft, würde ich in Ohnmacht fallen. Ich konnte ihr dies schnell ausreden. Sie ist eine wirklich offene und herzliche Frau. Dass sie auch privat so ist, hätte man nie gedacht. Auch äusserst attraktiv finde ich sie.

Nie zuvor habe ich mich so schwergetan, ein Girl nach seiner Handynummer zu fragen, aber bei ihr traute ich mich einfach nicht, was ich im Nachhinein sehr bereue. Wer weiß, ob sich daraus nicht eine Freundschaft oder Ähnliches entwickelt hätte?

Auf jeden Fall war mir ihr Geständnis über ihre eigene Nervosität eine große Hilfe. Ich hatte anschließend immer ein gutes Gefühl dabei.

Ein paar Tage später überkam es mich wieder.

Nur war der Drang, vor einem Girl zu onanieren, nach wie vor da. Als ich noch neben der damaligen Bank Wegelin wohnte, sah ich direkt in ein Bürofenster hinein. Da saß eine Lady Anfang 20 mit jemandem am Computer. Offensichtlich erklärte dieser jemand ihr etwas. Ich konnte allerdings nur sie sehen.

Da dachte ich mir, warte du mal. Sie schaute nämlich dauernd in mein offenes Fenster. Da ich sowieso schon nackt war, sorgte ich mit Babyöl, dass ich einen Steifen bekam und machte es mir direkt am Fenster selber. Das war so geil, wie sie immer öfter hinschaute, um mir beim Wichsen zuzusehen. Mich machte dies natürlich so was von ultrascharf und sie konnte sich kaum noch auf den Monitor konzentrieren. Es dauerte auch nicht lange und ich spritzte direkt aus dem Fenster ab.

Die Augen, die sie gemacht hat, waren einfach köstlich.

An diese Session wird auch sie wohl noch lange denken und vielleicht noch ihren Enkelkindern davon erzählen.

Dies war für mich in diesem Sinne das geilste Erlebnis. Nie wieder war es so geil, vor einem Girl zu onanieren. Ihre Augen und der Blick haben sich bei mir wie eingebrannt.

Somit kommen wir zur Thurgauer Fasnacht. Dort verkehren die verrücktesten und geilsten Frauen der Schweiz, wie sich später herausgestellt hat.

Die heftigsten Erlebnisse waren in der damaligen „Morgensonne". Obwohl der Chef da ein Riesenidiot war, kann ich auf die Gäste nichts kommen lassen, sie waren umso besser. Da war auch nie ein Stripper allein zugange, sondern es waren immer mehrere.

Für die Gäste gab es die Möglichkeit, einen Privat-Tabledance zu buchen. Dann begab man sich in einen separaten Raum, in dem man eigentlich allein war. Abschließen konnte man den Raum nicht und die Stripperinnen benutzten ihn auch als Tablerraum. Also konnte jederzeit jemand hereinspazieren. Da waren zwei Girls mit mir zugange und als ich nackt war, rieben sie mir mit ihren eingeölten Händen den Schwanz hart. Die eine fing an, mir einen zu blasen, als plötzlich eine Stripperin mit einem Gast hereinkommen wollte. „Oh, ich sehe, ihr seid beschäftigt", war alles was sie sagte und damit schloss sie die Tür wieder hinter sich.

Einfach geil und cool, diese Situation. Aber auch die normalen Shows unten in der Bar waren gigantisch. Den Girls war es egal, dass auch Jungs im Publikum saßen. Sie machten voll mit, was dann eher selten vorkommt. Dort präsentierte man sich aber auch nicht so nackt, als wenn nur Girls anwesend sind. Die Jungs sollten ja nicht gleich davonlaufen.

Die Beste war jene, die ihren Partner fragte, ob er ihr Geld dafür gebe, mit mir in den Privatbereich zu gehen. Anstandslos gab er ihr das Geld und wir verschwanden nach oben. Dort ging das Ganze in der Regel einen Song lang und sollte dann beendet sein, damit die Nächsten hineinkönnen.

Nur diesmal, allein mit diesem Luder, dauerte es ein wenig länger. Sie wollte mir unbedingt einen blasen. Was sie auch tat und wie sie das gemacht hat! Ich spritzte sie so voll, ich weiß gar nicht, wie sie das alles schlucken konnte. Das war schon heftig – ihr Freund saß unten, hatte ihr das finanziert und wir waren oben und amüsierten uns köstlich. Knallhart setzte sie sich wieder zu ihm, als ob nichts gewesen wäre. Ich konnte ihm nicht mehr in die Augen schauen und dachte nur, wenn das meine Freundin wäre. Das war kein schönes Gefühl.

Leider musste ich feststellen, dass die Frauen noch viel schlimmer sind als wir Männer.

Aber das spielte zu dem Zeitpunkt keine Rolle, als Single hat man das doch ordentlich genossen.

Dein Gedanke ist jetzt sicher, was denn ist, wenn man kein Single mehr war...

Sagen wir mal so: Wenn es zu solchen Situationen kam, konnte man ihnen diplomatisch aus dem Weg gehen. Natürlich kam so etwas nicht immer vor. Man kann es geschehen lassen oder eben umgehen.

Eine tolle Fasnachtszeit war auch in der Kakadu-Bar. Diese Mädels waren auch immer in super Stimmung und ich genoss es, diese Stunden mit ihnen zu verbringen. Zu dieser Zeit war auch Maskenball in Steckborn und alle waren verkleidet, wie es sich gehört. Dadurch konnten sie sich auch mehr gehen lassen und wurden auf den Fotos nicht gleich erkannt.

Trotzdem waren sie verhältnismäßig anständig und demnach war ich es auch. Wie genau gewisse Ladys meine Homepage studiert hatten, sah ich einmal daran, dass eine extra meinetwegen einen Single Malt organisiert hat. Das war auf der Homepage erwähnt, weil der Single Malt Pad Beryll und für mich wie ein Ritual war und mich oft durch das Nachtleben begleitet hat. Immer wenn ich meinen Kumpel beim Auflegen irgendwo besuchte, tranken wir einen Obligaten zusammen.

In Dornbirn war einmal eine BDSM-Party (Bondage, Sadomaso).

Hatte zuvor schon davon gehört, aber es noch nie erlebt.

Dort lernten Nicole und ich uns kennen. Eine super geile Stripperin mit riesigem Herz. Solch einer außergewöhnlichen Person bin ich selten begegnet. Sie war gebucht, um eine Dildo-Show mit Orgasmus zu präsentieren.

Wir haben danach sehr oft zusammengearbeitet und pflegen bis heute privaten Kontakt.

Ihre Show war echt erotisch. Wie sie da mit dem Dildo gespielt hat, bis sie gekommen ist. Sie meint auch, dass es jedes Mal echt ist.

Dort kam es auf jeden Fall zum ersten Mal zum Kontakt mit dieser Familie, wie ich sie einmal nennen will.

Es war einfach herzlichst, wie alle miteinander umgegangen sind, egal ob alt, jung, dünn, dick, hübsch oder hässlich. Sie zu beobachten, war traumhaft.

Meine Show war eigentlich ganz in Ordnung, auch das Opfer, das auf dem Stuhl Platz nahm. Sie war außerordentlich hübsch und hatte zufällig Geburtstag. Diese Outfits, die da herumliefen, waren sehr ausgefallen. Meines fiel gar nicht mehr auf. Sehr speziell waren diese Latex-Anzüge mit nur einem Loch beim Mund – praktisch zum Trinken und zum Blasen. Was dort auch getan wurde. Ein Paar versuchte zu poppen, aber es wollte nicht so richtig klappen und sie versuchten es immer wieder.

Aber das Schlimmste erlebten Nicole und ich in der Umkleide. Da war noch eine Stripperin, die für ihre Show was ganz Spezielles machen wollte. Sie wollte sich eine etwa 1,5 Meter lange, ziemlich dicke Kette in die Muschi schieben. Sie versuchte und versuchte, bis schlussendlich noch ungefähr ein Meter fehlte. Den Rest hielt sie einfach in der Hand und damit begann ihr Auftritt. Nicole und ich schauten uns nur an und schüttelten den Kopf. Mir war halb elend zumute. So etwas Ekelerregendes habe ich noch selten gesehen. Wer weiß, wie schmutzig diese Kette war? Dieser Anblick war widerlich.

Später hatte ich gezwungenermaßen bei Auftritten wieder Kontakt mit ihr.

Sie hat wirklich „einen an der Waffel", um es vorsichtig zu formulieren.

Das Beste an dieser Party war, Nicole kennengelernt zu haben und dass der DJ Como dort aufgelegt hat. Die Musik war phänomenal.

Später fand ein lustiger vierzigster Geburtstag in der Nähe statt.

Beim Umziehen im Keller dieses Einfamilienhauses fiel auf, dass überall Spiegel angebracht waren, die vom Boden bis zur Decke reichten. Etwa auf Hüfthöhe verliefen hölzerne Querbalken, was sehr verdächtig nach Ballett aussah. Da waren auch drei junge Girls (etwa 10 bis 12 Jahre alt), die nach der Show, als ich nackt im Keller stand und mich gerade anziehen wollte, auftauchten und meinten, sie müssten noch Getränke nach oben bringen. Ich drehte mich vergebens um, denn es waren ja überall Spiegel. Sie öffneten einen Schrank und taten so, als würden sie was suchen. Das war natürlich nur ein Vorwand, um mich so zu sehen. Ich musste lachen. Die Mädchen waren aber, ohne etwas zu holen, bald wieder weg. Sie waren eben neugierig.

Einmal kam eine Anfrage aus Zürich. Sie fragten, ob ich einen guten Ort im Niederdorf wisse für einen Auftritt.

Die waren selbst aus Zürich und fragten mich um Rat, obwohl ich aus St. Gallen komme :-)

Da kam mir so spontan nur die Barfüsser-Bar (Gay-Bar) in den Sinn. Sie fanden die Idee spitzenmäßig und fragten gleich nach, ob dies denn ginge. Der Chef dort war gleich einverstanden. Das hatte ich mir schon gedacht, dass ein Schwuler sofort einwilligen würde.

Dann machten wir dies auch dort. Ich war sehr erstaunt, als mich einer der Bartender in den Keller führte. Dort ist mir ein wenig Lampenöl ausgelaufen, das ich zum Feuerspucken benutzte. Ich nahm einen weißen Lappen und wischte es so gut es ging auf. Der Boden in diesem Getränkekeller war so sauber, dass der Lappen sich nicht einmal dunkel verfärbte. Da staunte ich nicht schlecht. Ich habe da schon ganz anderes erlebt, dass der Boden sogar in der Küche des Restaurants klebte. Sogar so sehr, dass es einmal meiner Freundin den Schuh ausgezogen hat. Das war ekelhaft, und so etwas bei einem bekannten Mexikaner in Bregenz.

Als es dann in der Barfüsser-Bar losging, staunten auch die Ladys nicht schlecht.

Die männlichen Gäste machten mehr Tumult als die weibliche Entourage vom Polterabend. Die hatten eine solche Freude und kreischten so laut, dass die Damen kaum noch zu hören waren.

Das war sehr speziell und äußerst amüsant.

Für uns Stripper ist dies immer genial, wenn so eine Stimmung aufkommt. Dann kommt man sich für ein paar Minuten vor wie ein Star.

Ein weniger sternchenhafter Auftritt fand einmal in Wangen an der Aare statt, im „Schützenhouse", so hieß dieser Club. Dort fand eine Ladys Night statt und es waren um die 120 Girls anwesend.

Wir waren zu dritt am Start und dachten, dass dies eine tolle Sache wird. Wir wurden eines Besseren belehrt. Als Erster war ich an der Reihe, denn anschließend musste ich gleich wieder einmal ins Montafon. Das waren etwa 300 Kilometer von dort. Ein langer Abend mit vielen Stunden Fahrt. Aber es war unterhaltsam, weil eine Kollegin dabei war.

Als die Show startete, schlich ich langsam durch das Publikum, um ein Opfer ausfindig zu machen, das mit auf die Bühne kommen sollte. Vorsichtig ging ich auf die Ladys zu und alle rannten davon, bis letztendlich eine sich opferte und mitkam. Erst die sechste Frau, die ich bat, mich zu begleiten, willigte ein. Das war merkwürdig, denn überall sonst rissen sie sich darum mitzukommen.

Den Berner Frauen eilt wohl der Ruf voraus, aber dass es so schlimm ist, hätten wir nie gedacht.

Auch meine Kollegin war schockiert. Die Gesichter der anderen Stripper, als ich ihnen das erzählte, werde ich nie vergessen. Ihnen ist offenbar der Spaß gleich vergangen, aber dadurch waren sie zumindest vorbereitet.

Wir machten uns dann gleich auf den Weg, denn die anderen Girls haben schon sehnsüchtig gewartet. Leider wurde es 01:30 Uhr, bis wir dort waren, doch es hat sich gelohnt. Hier waren sie in einer gewaltigen Stimmung und die Frauen lagen mir zu Füßen. Das Chicken-Skin-Gefühl war einmalig. Dieses Feeling hatte ich äußerst selten. Auch Jenny, meine Kollegin, bestätigte dies. Diese Stimmung hat selbst sie beinahe umgehauen.

Ich sitze hier und trage den Hut, der jahrelang Bestandteil meines Paten-Kostüms war. Dieses Outfit war nicht besonders gefragt, aber mir hat es sehr großen Spaß gemacht, darin aufzutreten. Es war eine Mischung zwischen Paten und Gigolo: Anzug mit Hosenträgern, schwarz-weiße Lackschuhe, schwarzer Hut, Gehstock mit silbernem Knauf, Regenschirm, Zigarre und natürlich eine Waffe.

Der Schirm gehörte dazu, denn es ertönte der Song „I`m singing in the Rain" von Gene Kelly, bevor dann der Klang einer Maschinenpistole zu hören war, die mich symbolisch abknallen sollte.

Das war einfach sehr spektakulär, dieses Geräusch und der Sturz auf den Boden.

Dieses Kostüm wurde kein einziges Mal gewünscht, aber zu Anlässen, bei denen mehrere Shows geplant waren, hatte ich den Paten immer mitgenommen.

In diesem Augenblick fehlt mir das Kostüm ein wenig. Kürzlich hat mich Nicole gefragt, ob mir das Strippen nicht fehlt Die Frage habe ich mit „überhaupt nicht" beantwortet. Doch jetzt kommt ein wenig Wehmut hoch – das erste Mal, seit ich aufgehört habe.

Ja, die liebe gute Musik. Auch die CD für den Paten war eine Herausforderung, die Pädi (Pad Beryll) mit Bravour meisterte. Die unzähligen Stunden in seinem

Studio vermisse ich. Was haben wir gelacht, während er sich gewisse Geschichten anhörte, die übrigens auch hier niedergeschrieben sind. Gleichzeitig mischte er die teils äußerst schwierigen Stücke zusammen, die ich vorgab.

Trotzdem sind alle CDs einsame Spitze geworden, vor allem die Übergänge. Über die Stilrichtung der Stücke kann man sich streiten, aber ich habe ja versucht, zu jedem Kostüm einigermaßen passende Lieder zu finden. Die schwierigste Aufgabe hat dann Pädi übernommen: sie so zu mischen, dass es einigermaßen ordentlich klang.

Früher oder später werde ich mich von allen Outfits trennen, aber die Musik dazu werde ich ewig behalten.

Eines Sonntags begleitete mich meine Freundin zu einem Auftritt an der Langstraße in Zürich. Diese Bar war einfach der Hammer. Showtime war eigentlich für 2 Uhr angesetzt. Man stelle sich vor: in der Nacht von Sonntag auf Montag und diese Bar war voller Gäste. Sie fragten mich, ob es auch um 3 Uhr ginge, denn es wollten noch ein paar Prostituierte dazukommen, die in Kürze Feierabend hatten.

Alles klar, dachte ich, und zog mich langsam um. Als es dann so weit war und losging, war es eigentlich erstaunlich ruhig. Es lag wohl daran, dass zu viele Männer anwesend waren. Auf jeden Fall haben wir nicht schlecht gestaunt, denn auf jedem Tisch standen diverse Flaschen mit Wodka, Gin, Bacardi und so weiter. Das alles am Montagfrüh… Als wir beim Verlassen der Bar beim Türsteher stehen blieben, fragte ich ihn wie lange denn hier offen sei. Er meinte, so bis halb elf, elf. Langstraße eben und wir mussten lachen. So spät waren wir noch nie an einem Montag morgens nach Hause gekommen.

Und so was von erledigt begann dann die Woche…

Ich erinnere mich an eine Ladys Night in St. Gallen. Ein Bekannter hatte das Ganze organisiert und mich dazu engagiert.

Ich dachte eigentlich, dass dort nicht wirklich viel los sein würde. So schwer kann man sich täuschen, wie sich später herausstellte.

Es waren um die 110 Frauen im Raum inklusive meiner Partnerin.

Zwei Shows waren angesetzt. Bei der ersten holte ich eine Braut auf die Bühne, die gerade ihren Junggesellenabschied feierte.

In der Pause mischte ich mich unter die Girls und einige meinten, dass sie auch gerne mit hochkommen würden.

Ich sagte ihnen, dass sie in der ersten Reihe stehen sollen, damit sie zu sehen sind und ihr Wunsch in Erfüllung geht.

Dies taten sie dann tatsächlich. Bei der zweiten Show waren es sage und schreibe fünf Girls, die zu mir nach oben kamen. Anfangs war ich etwas überfordert, aber dann legte ich mich einfach quer über die Mädels und prompt waren ihre Hände überall zu spüren. An Hals, Brust, Bauch, Po, zwischen den Beinen und an den Schenkeln. Ein irres Gefühl, so viele Hände gleichzeitig zu spüren.

Ich musste mich auch nicht selbst ausziehen, das erledigten die Girls liebend gerne für mich.

Dies war für die Gegend hier äußerst seltsam und hat mich positiv überrascht.

Es war ein extrem gelungener Abend, was auch meine Partnerin bestätigte.

Sie wurde oft gefragt, ob sie mit diesem Hobby eigentlich keine Probleme hat.

Darauf kam immer dieselbe Antwort: Sie kennt keine Eifersucht. Darüber war ich sehr froh.

Obwohl, wer meinen Körper anschauen und anfassen darf, entscheide ich immer noch selbst. Schließlich ist er mein Eigentum.

Ich hatte aber auch andere Partnerinnen vor ihr. Anfangs fanden sie es alle geil und doch wollten sie mit der Zeit, dass ich damit aufhöre. Dies kam allerdings nie in Frage, denn wenn ich aufhöre, dann nur, weil ich das so will und nicht, weil sie ein Problem damit hatten.

Anfangs hatte auch einer meiner Brüder ein Problem damit, aber das legte sich mit der Zeit.

Am meisten Spaß daran hatte meine Schwester, die sogar einmal bei einer Show dabei war.

Was alle anderen darüber dachten, hat mich nie die Bohne interessiert.

Kommen wir zu einem Auftritt in Kreuzlingen. Das war auch sehr faszinierend, denn damals war auch eine Stripperin dabei.

Eine der anwesenden Ladys war sehr angetan von mir und kam mit in die Umkleide.

Als das Girl mit der Show an der Reihe war, saßen wir beide allein da und sie wollte mir einen blasen. Natürlich habe ich das geschehen lassen und sehr genossen.

Sogar als die Kollegin nach ihrem Auftritt zurückkam, störte sie das nicht. Sie machte einfach weiter.

Für mich war das doppelt so geil, dass da noch eine zusah. Damit war die ganze Sache auch ziemlich bald zu Ende.

Ansonsten war dies ein nicht allzu spektakulärer Auftrittsabend.

Verlassen wir mal den Kanton Thurgau, um nach Graubünden zu gehen.

Da blieb mir speziell ein Abend in Vella mit André, einem Stripper-Kollegen aus Österreich, in Erinnerung.

Als die Anfrage kam, dachte ich erst, Vella liege irgendwo im Vorarlberg.

Aber nein, im wunderschönen Graubünden liegt es. Damals waren Navigationsgeräte noch nicht wirklich ein Thema, deshalb musste ich mich auf die gute alte Landkarte verlassen.

André und ich trafen uns in St. Margrethen und fuhren von dort aus mit meinem Auto weiter.

Nach über zwei Stunden Fahrt trafen wir endlich ein. Wir hatten keine Ahnung, was uns dort erwartete.

Wir wussten nur, dass es eine Art Apres-Ski-Bar war, die im Sommer kurz geöffnet wurde, um diese Ladys Night zu veranstalten.

Und siehe da, es hat uns fast umgehauen. Da waren um die 120 Frauen und Girls anwesend von 16 bis wer weiß wie alt.

Sie waren wohl aus dem ganzen Kanton angereist, wenn einmal etwas so Besonderes veranstaltet wurde.

Das hat uns riesig gefreut, denn die Stimmung war auch phänomenal.

Als die erste Show losging, dauerte es einen Augenblick und schon kam eine Freiwillige mit, setzte sich auf den Stuhl und ab ging die Post.

Sie machte so toll mit, dass ich am Schluss einmal mehr mit einem Ständer dastand.

Um es ein wenig spannend zu machen, hängte ich das Tuch darüber, das ich bei jedem Auftritt dabeihatte. Darüber mussten viele lachen. Schlussendlich standen wir beide und küssten uns sogar noch ziemlich intensiv. Ein irres Gefühl war das. Danach verließen wir die Bühne und ich verschwand nach hinten, um wieder auf Zimmertemperatur zu kommen.

Als der Showteil zu Ende war, mischten wir uns unters Volk, um noch mit den Girls zu plaudern.

Die eine beichtete ihren Ausschweifer gleich ihrem Freund. Sie spekulierte richtig, dass er es bei all den Girls sowieso schnell erfahren würde, die ihn kannten.

Als wir aufbrechen wollten, fand ich den Autoschlüssel nicht mehr. Mein Gott, dachte ich, in der Umkleide war ja ein Riesenbordell, Fasnachtsdekoration usw. Wir suchten und suchten, leider erfolglos. Es war schon ziemlich spät. Schließlich rief ich einen Freund an, er hatte meinen Wohnungsschlüssel. Es war Freitag und er war dabei, Party zu machen und demnach nicht mehr nüchtern. Ich sagte ihm, er solle auf keinen Fall ins Bett gehen. Es würde meine Freundin vorbeikommen und den Schlüssel holen. Völlig verzweifelt versuchte ich sie anzurufen. Sie war schon im Bett, weil sie am Samstag arbeiten musste. Nach mehreren Versuchen klappte es schlussendlich doch. Sie war ganz verschlafen und ich flehte sie an, dass sie bitte zu Rolf fahren, den Wohnungsschlüssel und dann aus meiner Wohnung den Ersatzschlüssel für das Auto holen sollte. Anschließend erklärte ich ihr so gut es ging, wo Vella liegt. Gut zwei Stunden später tauchte sie auf. Inzwischen unterhielten wir uns weiter mit den Girls.

Wir waren so froh, als Petra ankam und wir endlich abfahren konnten. Inzwischen war es schon nach drei. Nun wieder zwei Stunden Rückfahrt. Dass Petra in dieser Nacht kaum geschlafen hat, liegt wohl auf der Hand. Für diesen Gefallen bin ich ihr heute noch unendlich dankbar. Was hätten wir nur ohne sie gemacht?

Den Schlüssel habe ich dann einige Zeit später per Post bekommen. Der Chef dort hatte ihn in diesem Bordell tatsächlich noch gefunden.

Bleiben wir aber noch ein wenig in Graubünden und zwar in Arosa.

Es rief mich die Besitzerin des Hotels Eden an und meinte, dass die Freundinnen ihrer Tochter einen Stripper zu ihrem 18. Geburtstag organisieren wollten.

Es war Sommer und das Hotel war wegen Betriebsferien zwei Wochen geschlossen.

Sie nutzten das, um im Kittchen-Club, der sich im Hotel befand, die Geburtstagsparty in geschlossener Gesellschaft zu feiern. Die Hotelbesitzerin sagte, dass sie den Zimmerschlüssel beim Türsteher deponieren würde und dann das Hotel ganz für mich allein zur Verfügung stünde. Das war doch einmal eine Gelegenheit!

Natürlich kam meine Freundin mit und als wir ankamen, war das Haus schon voll. Es waren um die 300 geladene Gäste da.

Sofort nahmen wir den Schlüssel entgegen und verschwanden im Zimmer, wo ich mich in aller Ruhe vorbereiten und umziehen konnte. Ein umwerfendes Zimmer hat mir die Hotelbesitzerin gegeben. Da war eine kleine Ausführung der Badegrotte von Hugh Hefner. Es war einfach nur genial gemacht. Natürlich schauten wir in diverse Zimmer hinein. Da es der Generalschlüssel war, den sie uns gegeben hatte, passte er überall.

Das Zimmer, das sie mir zur Verfügung stellte, war aber echt das grandioseste. Am geilsten war der Gedanke, nackt und schreiend im Hotel herumrennen zu können und kein Mensch war da. Auch einen Whirlpool hatten wir im Zimmer.

Als es dann losging, war die Hölle los. Die Tochter saß mitten auf der Tanzfläche auf einem Stuhl und die Gäste standen bis auf einen halben Meter um sie herum. Das war denkbar wenig Platz!

Aber als es mit dem Feuerspucken losging, wurde es allen zu heiß und sie rückten ein paar Schritte zurück. Damit war die Fläche perfekt, um Vollgas zu geben.

Auch diesmal waren mehr Girls anwesend als Jungs. Nach dem Auftritt ging es irgendwie erst richtig los. Da war ein Shooting mit ein paar Girls vorgesehen. Nur mit umgewickeltem Tuch stand ich da und machte ein paar Aufnahmen mit einigen von ihnen. Die eine hat dabei alles gegeben. Sie fasste unter das Tuch, nahm mein Ding in die Hand und sagte: „Du bist so geil und genau richtig für eine scharfe Holländerin, wie ich es bin." Da guckte ich dumm aus der Wäsche und retournierte: „Schätzchen, ich könnte dein Vater sein." „Ja, klar", kam dann von ihr, „nimm mich mit hoch ins Zimmer und ich zeige dir wie sehr du mein Vater sein kannst." Danach fehlten mir die Worte und mit peinlichem Grinsen verließ ich den Club und ging nach oben ins Zimmer. Dort war meine Freundin und das musste ich ihr natürlich gleich erzählen. Auch sie hat ziemlich dumm aus der Wäsche geschaut.

Wie auch immer. So sind eben die jungen Girls heute.

Vergeblich versuchten wir dann, den Whirlpool zu füllen. Weil das Hotel zwei Wochen geschlossen war, hatte man das Warmwasser abgestellt. Wir haben fast geweint, so schade war das.

Dann sind wir eben enttäuscht zu Bett gegangen.

Am Morgen duschten wir kalt und machten uns auf den Rückweg, nachdem ich den Schlüssel in den Briefkasten geworfen hatte. Das war vielleicht wieder mal ein Ereignis.

Gehen wir wieder zurück zur Fasnacht, einmal mehr im Bach-Pub.

Dort waren zwei Angestellte aus der „Morgensonne" zu Gast und wollten einen Privat-Table von mir.

Zusammen gingen wir nach unten und schon ging es ab, denn die beiden wollten es wissen und sorgten gleich dafür, dass ich eine Erektion bekam. Unbedingt wollten sie so Fotos machen, natürlich beide zusammen. Dafür brauchten wir eine Dritte, die das Ganze in Bildern festhalten sollte.

Einmal mit Schwanz in der Hand, einmal vor dem Gesicht, usw. Das war schon ein komisches Gefühl.

Da passierte sonst nichts weiter. Die eine sagte nur, dass sie sich nie wieder die Hände waschen würde und grinste dabei.

Wie sollte es auch anders sein, aber es blieb nicht dabei und sie zeigten die Fotos den Stripperinnen, die auch dort arbeiteten.

Dann wollten sie alle meinen Schwanz auch sehen. Da sagte ich nur, wenn sie mich sehen wollen, wüssten sie ja, wo ich mich umziehe. Das wäre schon peinlich gewesen, alle gleichzeitig.

Aber sie kamen natürlich nicht beim Umziehen.

Einmal hat mich bei einer Bachelor-Party im Bach-Pub eine Freundin begleitet, die eine sehr erotische Ausstrahlung hat. Beim Umziehen war sie natürlich dabei und die Art, wie sie mich dabei ansah, war so prickelnd, dass ich schon wieder einen Ständer bekam. Ich musste mich schließlich für den Auftritt fertigmachen und dachte, geh ins Badezimmer und kühl dich erst mal ab. Aber dafür musste ich an ihr vorbeigehen. Als ich an ihr vorbeiwollte, nahm sie meinen Harten in die Hand und fing gleich an zu blasen. Mein Gott, dachte ich, du musst dich doch beeilen.

Kurz darauf schaute sie mich an, ließ die Eichel aus dem Mund gleiten und sagte, dass ich weitermachen solle und dass sie schlucken würde.

Das war vielleicht ein heißgeiler Trip. Natürlich machten wir dies so und ich spritzte ihr voll in den Mund.

Wie angedroht, schluckte sie alles fein säuberlich und leckte ihn danach mit ihren Lippen ab, so gut es ging.

Nun ging alles ziemlich schnell und da war auch schon Showbeginn.

Ich konnte mich während des ganzen Auftritts kaum noch konzentrieren. Dauernd lief der Film in der Umkleide vor meinen Augen ab und ich bekam schlussendlich nochmal einen Steifen.

Das war vielleicht ein Ausflug! Die Braut dachte natürlich, dass es ihretwegen ist. In diesem Glauben ließ ich sie dann auch.

Am Ende zog ich mich wieder um und sagte lachend zu meiner Begleitung, dass ich sie nie wieder mitnehmen würde. Spontanität ist eigentlich eine gute Sache, aber dieses Bach-Pub hatte es schon in sich.

Erinnere mich an einen Junggesellenabschied, zu dem ich eingeladen war. Natürlich war meine Aufgabe, die Stripperin zu mobilisieren.

Das Ganze lief sehr gut, bis wir die Stripperin bezahlten und der Trauzeuge mit Schrecken feststellte, dass das Budget schon so gut wie aufgebraucht war.

In dem Club, in dem dieser Auftritt stattfand, war auch ein Polterabend von Frauen in vollem Gange.

Als die Frauen erfuhren, dass bei der Jungsgesellschaft ein Stripper als Gast war, kamen sie schnell auf mich zu.

Sie fragten, ob ich einen Kurzauftritt für ihre Braut machen würde. Dies war eine gute Gelegenheit, unsere Kasse ein wenig aufzustocken.

Ich bot an, für 100 Fr. einen Song lang zu strippen. Gleich ging sie zum DJ und wünschte sich ein Lied. Ganz gewöhnlich gekleidet, machte ich mich an die Arbeit. Von der einen Seite feuerten mich alle Jungs an und von der anderen die Mädels.

Es war eine grandiose Stimmung und die Zeit verging wie im Flug. Den Hunderter bekam umgehend der Trauzeuge mit den Worten: „Ist das OK für den Anfang?" Er musste lauthals lachen. Das taten wir natürlich gemeinsam, und er sagte: Du bisch sicher en geile Siech." Was nur bedeuten sollte, dass dies eine geile Aktion von mir war. Dann ging es wieder zurück auf die Gasse, um Shots zu verkaufen. Das brachte die Kasse ziemlich schnell wieder auf Vordermann.

Die Spontanität zahlte sich auch weiter aus.

Eines Dienstagabend rief mich jemand an und fragte, ob ich spontan auftreten könnte. Ich saß mit einem Neugeborenen auf dem Schoß bei der Mutter des Babys und stimmte zu. Eine halbe Stunde später war Showbeginn. Es kann also sehr schnell gehen, wenn es passt.

Ein anderes Mal lag ich am Freitagabend um halb elf in der Badewanne und der Chef vom Beach Club Hinwil rief an und hatte einen Notfall. Wie schnell ich da sein könne? Er hat um die 150 Frauen, die warten, denn die Stripper aus Deutschland sind nicht gekommen. Sie hatten kurzfristig abgesagt.

Na toll, dachte ich. Fertig machen und hinfahren, würde etwa Mitternacht ergeben. Für ihn passte dies und leichzeitig hatte er auch Ramòn aufgeboten.

Ramòn war jahrelang der gefragteste Stripper der Schweiz. Er machte sehr geniale Shows und wir trafen uns hin und wieder bei Auftritten. Ansonsten geht ja bekanntlich jeder seinen eigenen Weg, nur mit Buddy arbeitete ich sehr oft zusammen und das auch liebend gerne.

Als wir uns dort trafen, waren wir derselben Meinung. Selber schuld, die Deutschen anzufragen und dann leer auszugehen. Das ist ein Phänomen, dass sie so unzuverlässig sind und oft einfach kurzfristig absagen oder einfach nicht kommen. Bei den Gagen wundert mich dies eigentlich nicht wirklich. Die Stripper fahren von München oder Stuttgart nach Zürich für dass dann vielleicht die Tankfüllung rausspringt. Das ist sehr wenig.

Daher wurden in den letzten Jahren an Fasnacht von den Barbetreibern immer öfter deutsche Stripper engagiert, um Geld zu sparen.

Wie auch immer, dies gehört nun der Vergangenheit an.

Da war einst ein 18. Geburtstag eines Girls, die im Vibes in Bassersdorf feierte.

Ich war vorher noch nie in diesem Club. Cool war der eingerichtet. Die Location hatte zwei Etagen. Die Galerie oben war rund und bot perfekte Sicht auf die Tanzfläche.

Der Laden war brechend voll und auf der Tanzfläche saß nur sie mit verbundenen Augen auf einem Stuhl.

Das war ein so geiler Anblick und sie hatte natürlich keine Ahnung vom Geschehen.

Beim Reinkommen hatte das Getöse schon angefangen. Anscheinend kannte sie alle anwesenden.

Sie war natürlich sehr überrascht und es war ihr anfangs ein wenig peinlich. Das Publikum hat sie so angefeuert, dass die Hemmungen sehr schnell verflogen waren.

Man konnte auch sehr viele Jungs schreien hören, was äußerst seltsam und selten ist. Das war natürlich noch zusätzlich motivierend, um noch mehr Gas zu geben.

Beim Feuerspucken konnte ich sogar stehen und alles geben, weil der Raum so hoch war. Ohne irgendwelche Gefahr zu befürchten, spuckte ich die Flammen durch den Club, dass es eine Riesenfreude war. Auch der Sound über die Clubanlage dröhnte richtig genial.

Wenn man bedenkt, dass es schon vorgekommen ist, dass die Musik über den Laptop gelaufen ist ohne zusätzliche Lautsprecher – das war eine echte Katastrophe. Für die Performance sind die Lautstärke der Musik und auch die Klangqualität extrem wichtig.

Auf jeden Fall war das wohl der beste Auftritt, was dies betrifft. Auch die Freude, die bei ihr zum Vorschein kam, war einfach umwerfend.

Man wollte als Stripper kostümmäßig immer auf dem neuesten Stand sein, deswegen fuhren Petra und ich extra nach München, wo es angeblich einen tollen Gay-Sexshop geben sollte.

Tatsächlich war es dann auch so. An Uniformen fehlte es nicht. Einfach gewaltig, dieses Angebot.

Natürlich wurde ordentlich zugeschlagen, ich kaufte zwei Hemden der New Yorker Police und auch den Hut.

Der war die teuerste Errungenschaft. Echtes Leder mit einem Emblem aus Metall: Police Department City of New York. Ein echt edles Teil. Ich werde mich schwertun, mich davon zu trennen.

Dieser Einkauf hat letztendlich über 400 Euro gekostet. Die Ladenbesitzer hatten große Freude an mir. Ein schwules Paar, aber ziemlich männlich und auch süß. Sie waren beide etwa einen Meter neunzig groß.

Aber was da an Sexspielzeug herumlag, hat meine krassesten Fantasien übertroffen. Unglaublich, diese Instrumente! Ich weiß gar nicht, wie ich nur eines davon schildern soll.

Ein metallenes penisförmiges Ding, das so groß war, dass ziemlich jede Erektion da hineinpasst und das Beste kommt noch: Im Inneren waren metallene Stacheln angebracht – allein der Gedanke daran schmerzt. Ich weiß heute noch nicht, was genau damit angestellt werden soll. Aber bei Schmerzen hört bei mir der Spaß auf. Die einzigen, die für mich geil sind, sind die Fingernägel einer Frau, wenn sie mir den Rücken zerkratzt.

Nun war wieder alles auf Vordermann gebracht. Sandra, meine Schneiderin, hatte viel Freude daran, alle Kostüme für mich maßzuschneidern.

Sie machte auch für das Phantomkostüm von der Hose bis zum Umhang alles selber.

Bereits der Umhang für das Carabiniere-Kostüm war eine Meisterleistung. Der Stoff, den sie dafür ausgesucht hatte, war echt genial. Ich wollte schließlich, dass das

Ganze gruselig wirkt und das ist ihr sehr gut gelungen. Anfangs sah es aus, als käme da ein Henker herein, mit Axt natürlich. Dazu lief «Highway to Hell» von AC/DC. Plötzlich wird die italienische Hymne eingespielt und als die Kutte heruntergleitet, steht ein eleganter Carabiniere da. Bis auf den Paten und den Bauarbeiter waren alle Outfits mit Kutte getarnt. Ich fand das sehr spannend und schlussendlich hat es sich in den Shows auch immer bewährt.

Ich habe schon das Gefühl, dass die Outfits mit den Jahren ein Teil von mir geworden sind.

Von den beiden Uniformen der italienischen Armee trage ich eine Jacke heute noch gerne.

Die Feuerwehrjacke liegt im Winter immer im Kofferraum des Autos. Sie ist so gut isoliert, dass sie im Notfall gut warmhält. Die beiden Jacken werden mich wohl weiter begleiten. Von allem anderen werde ich mich langsam, aber sicher trennen.

Einmal kontaktierte mich sogar jemand vom Schweizer Fernsehen. Ich wurde gefragt, ob ich Interesse hätte, bei der Serie «Tatort» in einer Nacktszene als Double mitzuwirken.

Da war ich natürlich Feuer und Flamme. Als sie allerdings ein paar Fotos von mir gesehen hatten, mussten sie dankend ablehnen, denn mein Körper ähnelte dem des Hauptdarstellers nicht genug :-)

Schade, dachte ich, das wäre doch mal was gewesen!

Wenn wir schon bei den Medien sind, kommen wir zu unserer Tageszeitung „Blick“.

Einmal wurde ich von einer Sexualtherapeutin angerufen. Sie waren dabei, Artikel zum Thema „heiße Jobs" zu veröffentlichen.

Da gab es zwei Sparten. Zum einen wurde über Bauarbeiter berichtet, die bei großer Hitze natürlich draußen arbeiten, zum anderen über den Job als Stripper, der eher im übertragenen Sinne dafür steht, heiß zu sein.

Von dieser Dame wurde ich etwa eine halbe Stunde telefonisch interviewt. Dann machten wir einen Termin mit einem Fotografen aus, der für ein Shooting zu uns nach Hause kam.

Ein äußerst interessanter und amüsanter Abend war das, auch für meine Partnerin.

Ein paar Tage später erschien die Reportage. Es hat mich beinahe umgehauen, als ich sah, dass sie eine Dreiviertelseite einnahm. Wie eine Bombe hat dieser Bericht eingeschlagen. Mehr Resonanz als bei einem Geburtstag hat das gegeben. Leute haben angerufen, die sich vor Jahren zum letzten Mal gemeldet hatten. Sogar meine Cousine, die in Italien lebt, liest jeden Morgen „Blick Online". Dort tauchte der Bericht auf der Titelseite auf. Dass noch so viele dem „Blick" folgen, ist sehr erstaunlich, nachdem eigentlich „20min" die Nase vorn hat.

Natürlich wurde dieser Bericht ausgeschnitten und aufbewahrt.

Kurz darauf wurde Petra interviewt, und auch dieser Bericht erschien mit Foto im „Blick".

Aber kommen wir mal wieder auf die Uniformen zu sprechen, denn der folgende Auftritt in Rorschach mir auch gut in Erinnerung geblieben.

An diesem Polterabend waren zwei Polizistinnen anwesend. Die Show fand in einem Restaurant statt, deswegen zog ich mich nicht ganz aus.

Die beiden fragten mich, weshalb sich die Männer im Gegensatz zu den Frauen nie ganz ausziehen.

Darauf antwortete ich, dass dies stimmungsabhängig sei. Da wir uns auch in einem Restaurant befunden haben, wäre dies eine Erregung öffentlichen Ärgernisses gewesen. Sie erwiderten, dass sie dies schon wüssten, denn sie seien schlussendlich Polizistinnen. Sie würden mich dann schon verhaften und mitnehmen, aber dann würde mir etwas ganz anderes blühen. Jawohl, sagte ich, davon träume ich auch schon lange. Big Smile.

Sie mussten auch lachen.

Der Reiz von uniformierten Frauen ist bei vielen Männern verankert. Deshalb liebe ich es auch an der Streetparade, Ladys in Police Outfits oder anderen Uniformen anzutreffen. Das sieht einfach sehr sexy aus.

Frauen sehen dies an uns ja auch ganz gerne.

Da kommt mir eine Exfreundin in den Sinn. Sie stand so auf Uniformen, dass sie manchmal allein vom Anblick schon echt feucht wurde. Unglaublich, so etwas.

In Winterthur fand einmal eine Show statt, zu der mich zwei Schwestern gebucht hatten. Wir kannten uns schon aus der Bar, in der sie zusammenarbeiteten. Dieser Auftritt war nichts Besonderes, aber danach gingen wir zu ihnen nach Hause. Also waren wir drei da und da saß ich nun auf einem Stuhl.

Die eine saß auf dem Boden neben mir und die andere war irgendwo in der Wohnung.

Als wir so miteinander plauderten, zog ich mich einfach aus und fing an, mir einen runterzuholen.

War das genial! Sie sah stillschweigend zu und auf einmal kam ihre Schwester dazu und wunderte sich nun nicht mehr, weshalb es auf einmal so ruhig geworden war. Inzwischen saß sie unmittelbar vor mir und legte einfach ihre Hände auf meine Beine. Die andere setzte sich gleich daneben und beide starrten mich so von unten nach oben an und genossen die Sache sichtlich. Der Gedanke, dass diese Luder Schwestern waren, machte mich unheimlich an und schon bald spritzte ich die beiden voll.

Naja, wir waren ja schon zu Hause, daher spielte das keine Rolle. Wir mussten doch lachen.

Aber mit denen beiden einen Dreier zu haben, wäre wohl zu schön, um wahr zu sein. Die beiden sahen auch noch sehr gut aus…

Kommen wir zum Internationalen Frauentag. Das ist der 8. März, falls gerade ein Mann dieses Buch liest und das nicht weiß.

Da kam ein Anruf von Giuseppe, einem Freund aus Mailand. Er ist in der Schweiz geboren, aber vor Jahren nach Italien ausgewandert. Sein Bruder, ebenfalls Stripper, war auch informiert. Dieser lebte nach wie vor in der Schweiz.

Wir müssten unbedingt nach Mailand kommen, denn er habe so viele Anfragen, die er niemals alle bewältigen könne.

Also fuhren wir zusammen zu seinem Bruder. Er gab uns eine Liste mit Adressen, die ein gestellter Chauffeur für uns aufsuchte. In der ersten Bar angekommen, stand ich vor dem Türsteher. Er sagte: „Du bist bestimmt der Stripper." Lächelnd bejahte ich.

„Warte kurz", sagte er und funkte mit einem Kollegen. Gleich standen zwei dreitürige Schränke von Türstehern vor mir. Ich solle ihnen folgen. Da sagte ich nur, dass ich doch nicht Brad Pitt sei.

„Warte nur", sagte der eine lächelnd. Einer vor mir und einer hinter mir, so betraten wir die Bar.

Dort waren tatsächlich nur Mädels anwesend. Auch das Servicepersonal bestand aus Girls. Natürlich sahen alle sofort, dass ich die Attraktion des Abends war.

Das hätte ich nie zu träumen gewagt. Sie fassten mich beim Vorbeigehen an und rissen sogar an meinen Kleidern. So gut es ging, sorgten die Security-Männer dafür, die Frauen auf Distanz zu halten.

Ich dachte, die spinnen ja komplett! So etwas Aufgedrehtes hatte ich noch nie zuvor erlebt.

Sogar beim Umziehen stand einer die ganze Zeit vor der Tür.

Als es dann losging, standen vier von den Riesen an der Bühne und schirmten mich ab.

Das war nun weniger berauschend, denn wie sollte ich da ein paar Girls in die Show einbeziehen?

Dann gab ich einem von ihnen ein Zeichen, dass er doch zwei bis drei Ladys heraufholen solle. Daraufhin deutete er auf drei Girls und zitierte sie herauf. Die ließen sich nicht zweimal bitten und pfeilschnell kamen sie gleich nach vorn geschossen.

Zugleich brachte einer drei Stühle und dann legten wir los.

Eigentlich wäre ich gerne durch das Publikum gegangen, um einige miteinzubeziehen. Das traute ich mich aber nicht. Dann ließ ich fast im Minutentakt die drei Mädels immer wieder austauschen. Das war ziemlich stressig für die Security. Aber die Girls fanden das aufregend. Wie ich bei zweien gemerkt hatte, waren das Mutter und Tochter. Die waren vielleicht heiß. Diese Italienerinnen sind unverbesserlich.

Wohl oder übel musste ich mich verabschieden, denn ich hatte keine Zeit zum Bleiben, musste von Bar zu Club eilen. Wer weiß, was ich dort noch alles getrieben hätte?

So ging es weiter, bis die sechste und letzte Show vorbei war. Das alles mit nur zwei verschiedenen Outfits. Die Sachen waren so durchgeschwitzt, dass es unangenehm war, sie immer wieder anzuziehen. Alles war schon nach dem ersten Auftritt feucht.

Nur scheint dies niemanden außer mir gestört zu haben. Vor allem hatte ich keine Zeit, zwischendurch zu duschen. Ich konnte mich nur mit Feuchttüchern und am Wasserhahn schnell frisch machen. Das war so widerlich, aber da musste ich nun einmal durch. Alles in allem war jeder Auftritt wie der andere.

Überall herrschte eine gewaltige Stimmung und Gekreische ohne Ende. Es war immer dieselbe Zeremonie beim Eintreten. An diesem Abend gaben mir die Frauen tatsächlich das Gefühl, ein Superstar zu sein.

Es war wirklich unbeschreiblich, da fehlte nur noch der rote Teppich, was mich innerlich zum Schmunzeln brachte.

Etwa um vier Uhr nachts trafen wir uns wieder bei Giuseppe.

Alle drei fielen halbtot um und dann wurde geschlafen...

Eigentlich hatten wir uns vorgenommen, in Milano shoppen zu gehen, aber daraus wurde wohl oder übel nichts.

Wir schliefen bis etwa 14 Uhr. Dann duschten wir alle ordentlich und anschließend gingen wir lecker essen. Danach fuhren wir wieder in die Schweiz mit vielen neuen Erkenntnissen über Italienerinnen. Leider kam es nie wieder zu einer Anfrage aus Milano. Keine Ahnung, weshalb das so war. Vielleicht ist auch in Italien die Nachfrage zurückgegangen.

Hier in der Schweiz hat man den Rückgang sehr stark gemerkt.

Bei jedem sind die Anfragen rückläufig, aber wen wundert das?

Es werden mittlerweile sogar zum Heiraten Kredite aufgenommen. Das ist schon ein Ding. Wenn man einen Polterabend ordentlich organisieren will, ist das ziemlich kostspielig. Dann ist eben ein Stripper immer weniger möglich. Auch bei Geburtstagen wird offensichtlich immer weniger Geld für so etwas ausgegeben.

Aber egal, das tangiert mich nun nicht mehr. Newcomer gibt es auch kaum noch. Die aktiven Tänzer sind alle schon weit über 30 oder 40 Jahre alt.

Dies musste ich mir leider auch mal anhören. 2018 kamen ein paar Anfragen von Kunden, die gerne einen Jüngeren gehabt hätten. Das war für mich ein eindeutiges Zeichen, das Strippen aufzugeben.

Wie auch immer, dies und noch zwei weitere Gründe haben mich zum Aufhören bewegt.

Das war zum einen der Tod meines über alles geliebten Vaters und zum anderen das häufige Training in der Woche, womit ich vier bis fünfmal pro Woche beschäftigt war.

Ich hatte einfach nicht mehr die Energie. Nun kann ich trainieren, wann ich will und nicht, weil es ein Muss ist. Je älter man wird, desto härter und öfter muss man trainieren, damit man halbwegs fit bleibt.

Obwohl mir in all den Jahren klar geworden ist, dass für Frauen vor allem das Hinterteil und die Ausstrahlung (Augen) sehr wichtig sind. Auch sie schauen den Männern auf den Arsch, nicht nur die Männer bei den Frauen...

Das Sixpack und alles Weitere sind natürlich auch nicht unwichtig, aber bei Weitem nicht so bedeutsam wie die anderen beiden Sachen. Was von den Ladys auch sehr oft begutachtet wird, ist das Gemächt der Jungs. Viele schauen den Männern zwischen die Beine. Offensichtlich spielt bei ihnen die Größe auch immer mehr eine Rolle.

So erinnere ich mich an eine Duoshow in Degersheim. Dort wurden wir von einer Frau gebucht.

Ihr Ehemann und die Tochter haben am selben Tag Geburtstag, und da dachte sie sich, dass da ein Paar-Strip gut ankommt.

Eine Kollegin und ich fuhren zusammen hin. Sie trägt Körbchengröße A und wie sie damit klargekommen ist, weiß ich bis heute nicht. Viele Jungs ließen dazu dumme Bemerkungen fallen, denn oft arbeiteten wir an Fasnacht am selben Ort. Offensichtlich machte sie sich nichts daraus, oder sie ließ sich nichts anmerken.

Auf jeden Fall hielten wir dies auch für eine gute Idee und gingen das Ganze mit Freude an. Auch bei dem Publikum schien es anfangs gut anzukommen, doch gegen Ende des Auftritts kam die Mutter auf mich zu und meinte, dass es besser ist, wenn ich abbreche. Für den Freund ihrer Tochter war das schwer zu ertragen, er schien gleich durchzudrehen, ihm ging das gehörig gegen den Strich. Ich meinte, dass das in Ordnung sei und folgte ihrem Rat. Die Tochter war sehr enttäuscht darüber. Ihr gefiel das Geschehen ganz gut und sie wollte nicht, dass ich aufhöre. Nichtsdestotrotz begleitete ich sie zum Tisch zurück, wo sie sich hinsetzte und meine Kollegin machte normal weiter.

Mir war natürlich überhaupt nicht mehr wohl und zog mich wieder an.

Als meine Kollegin fertig war und in die Umkleide kam, war sie ein wenig schockiert, aber wir mussten dann beide lachen.

Diese Überraschung ging offensichtlich nach hinten los, nur konnte die Mutter dies ja nicht wissen.

Schlussendlich zogen wir dann schnell ab und alles war gelaufen.

Einmal wurde mir die Ehre zuteil, dass gleich zwei Kolleginnen für mich gestrippt haben. Nur waren beide keine Stripperinnen.

Eigentlich wollten wir nach Winterthur ins „Alpenmax" zum Feiern. Eine von den beiden sah ich an diesem Abend zum ersten Mal. Als sie bei mir ankamen, war ich eigentlich startklar, aber die eine kam auf die glorreiche Idee, dass sie für mich strippen könnten. Wortlos deutete ich auf die Stereoanlage, die CDs und meinte dann lächelnd, dass sie sich gerne etwas aussuchen könnten.

Gesagt, getan. Sie standen beide vor mir und fingen an sich auszuziehen.

Plötzlich fragte die eine die andere, ob sie sich ganz ausziehe. Die andere sagte: „Ja, natürlich." Damit setzten sie die Show fort. Sie zogen sich sogar gegenseitig aus. Das war richtig geil.

Da kam mir die Idee, es mir selber zu machen und ihnen weiter zuzuschauen.

Das war schon ein tolles Gefühl, die beiden beim Ausziehen zu beobachten und mir dabei einen runterzuholen.

Als sie schlussendlich beide nackt waren, kam die eine auf mich zu und übernahm den Part.

Die andere setzte sich neben uns auf einen Sessel und beobachtete das Geschehen.

Das machte mich noch heißer und genauso machten wir weiter. In der 69er-Stellung ging es dann weiter und es wurde lange geleckt und geblasen.

Plötzlich war die andere ziemlich angetan. Sie fing an, sich zu befingern und machte es sich dann selbst.

Trotz mehrerer Aufforderungen wollte sie nicht mitmachen.

Anscheinend genoss sie das Ganze beim Zuschauen und das reichte ihr.

Als sie beim Zuschauen den ersten Orgasmus erreicht hatte, konnte ich mich kaum noch halten.

Sie sah uns einfach zu und es war ihr anzusehen, dass sie es genoss.

Inzwischen war ich in die andere eingedrungen und fing an, sie leidenschaftlich wild zu stoßen.

Wir wechselten oft die Stellung, aber immer so, dass ich der anderen noch in die Augen schauen konnte.

Das war so was von geil, aber auch für sie. Schlussendlich ist sie dann zweimal gekommen.

Nach einer Weile bin ich dann auch gekommen und Manu meinte, dass ich ja enorm lange Ausdauer hätte. Da lachten wir alle drei und die andere meinte, ja, die hat er in der Tat.

Schlussendlich gingen wir mit etwa zwei Stunden Verspätung doch noch feiern. Alle drei waren wir danach sehr aufgedreht…

Den ganzen Abend redeten wir noch über das Geschehen. Sie sagte dann auch, dass sie zu scheu gewesen war, um mitzumachen. Erkläre mir das einmal jemand…

Aber egal, es war auch so ein geniales Erlebnis.

Weiter zum nächsten Auftritt. In Frauenfeld sollte ein Polterabend stattfinden. Ich war früh dran.

Als ich in der Bar ankam, waren sie informiert und eine zeigte mir den Raum.

Das war eine weitere Bar, die aber, wie es schien, nicht mehr in Betrieb war. Es gab sogar noch eine Bühne.

Fantastisch, dachte ich und überlegte mir, eine umgekehrte Show zu machen.

Es war noch niemand da, also verteilte ich auf der Bühne das ganze Kostüm am Boden.

Dann ging ich zur Umkleide und wartete, bis die Trauzeugin mich aufsuchte. Ich erklärte ihr das Vorgehen und wir waren beide gespannt.

Als die Musik abgespielt wurde, lief ich lediglich mit einer brennenden Kerze und Schuhen komplett nackt hinein. Die Kerze hielt ich vor mein Gemächt, damit nicht gleich das Gehänge sichtbar war.

Die Augen und die Reaktion der Gesellschaft sind echt geblieben. Somit zog ich mich langsam zur Musik an. Die Stimmung war bei Weitem nicht so wie sonst.

Es ist eigentlich irgendwie selbsterklärend, dass das alles komisch rüberkam. Danach wusste ich, dass dies nie wieder infrage kommt.

In der Zeit als Monteur durfte ich eine sehr tolle Frau kennenlernen.

Den zwei tollsten Frauen, meiner Freundin und Charlene, begegnete ich seltsamerweise nicht beim

Strippen. Ich habe zwar viele spannende Leute durch das Tanzen getroffen, aber die beiden tollsten eben nicht.

Jedes Mal, wenn wir uns sahen, war die Freude riesig. Anfangs war es wie überall mit Bedacht anzugehen.

Ziemlich schnell wurden wir dicke Kumpels. Zu einer Schwester auf derselben Wellenlänge wurde sie für mich. Obwohl wir nie viel Zeit miteinander verbracht haben, genießen wir nach wie vor jede Minute und wir geben uns immer ein Update über alles Mögliche.

Außerdem gehört sie zu den attraktivsten Frauen, die mir je über den Weg gelaufen sind. Optisch ist sie meines Erachtens perfekt. Nackt habe ich sie noch nie gesehen und möchte das auch gar nicht. Deshalb kann ich sie nur bekleidet beurteilen. Aber das, was ich gesehen habe, war schon perfekt.

Wie viel sie mir bedeutet, wurde mir erst so richtig klar, als mein geliebter Vater von uns gegangen ist. Als ich ihr davon erzählt hatte, konnte ich die Tränen kaum noch unterdrücken, aber als sie mich dann fest umarmte, war kein Halten mehr und ich brach in Tränen aus. Dieses Gefühl von Trauer und Wärme gleichzeitig war so emotional, dass es mich in diesem Augenblick noch rührt.

Da auch sie in einer Partnerschaft lebt, treffen wir uns fast nie. Nur wenn es die Zeit erlaubt, schaue ich heute noch bei ihr auf der Arbeit auf einen kurzen Tratsch vorbei. Manchmal wird es ein langer Kaffeetratsch, denn wir haben uns oft einiges zu erzählen. Ansonsten schreiben oder telefonieren wir. Ich denke nicht, dass es stört, wenn ich ein bisschen in meinem Privatleben abschweife. Das wird die eine oder andere Person wohl auch interessieren, denn es gehört ja zu mir.

Meine heutige Partnerin Petra (kein Pseudonym) lernte ich ebenfalls nicht durch dieses Hobby kennen. Sie wurde mir durch einen gemeinsamen Bekannten vorgestellt und so fing unsere Geschichte an...

Durch den Tod unseres Vaters wurde das ohnehin schon gute Verhältnis unter uns Geschwistern noch tiefer. Die Familie ist eben das Wichtigste! Dies wurde mir aber erst mit Anfang 30 so richtig bewusst. Wenn es dir richtig dreckig geht, ist sie es deine Familie die für dich da ist. Vor allem auch die Eltern. Sie sind einfach einzigartig und jeder sollte das genießen, so lange es nur geht.

Seit ein paar Jahren treffen wir Geschwister uns monatlich, wenn es geht und freuen uns einfach über das Beisammensein. Auch unsere Eltern, als beide noch da waren, besuchte ich in Italien, so oft es nur möglich war, zeitweise sogar zweimal im Monat. Vor allem, als es offensichtlich mit dem Vater langsam bergab ging. Nun ist Mama allein und wir besuchen sie auch, so oft es nur geht. Die Einsamkeit muss schon etwas sehr Düsteres sein.

Das wurde mir sehr bewusst, als meine Depressionen mich nach Gais in die Klinik führten.

Das war eine schlimme Zeit und ich wünsche das niemandem. Der Aufenthalt dort hat mich einiges gelehrt, auch über mein Verhältnis zur Familie.

Du denkst, niemand mag oder liebt dich und somit würde mich auch niemand vermissen, wenn ich weg wäre oder nicht mehr leben würde. Zum Glück war in dieser schweren Zeit die Familie für mich da.

Man ist auch nie geheilt davon, aber es gibt gute Methoden, dem aus dem Weg zu gehen, um nie wieder in ein solch tiefes Loch zu fallen.

Angefangen hat das Ganze mit dem Verlust meiner damaligen Freundin. Sie war im Urlaub und als sie zurückkam, hat sie mich verlassen. Der Grund dafür ist mir bis heute nicht bekannt. Das stürzte mich in eine Krise und ich fiel in ein tiefes Loch. Es führte sogar dazu, dass ich deswegen den Job verlor. Der Strudel zog mich immer mehr in die Tiefe, sodass meine Lust weiterzuleben, immer geringer wurde. Zum Glück setzte ich meinen Hausarzt rechtzeitig in Kenntnis und er reagierte prompt darauf. Er meldete mich notfallmäßig in Gais an, und alles nahm seinen heilsamen Lauf...

Möchte nicht mehr weiter vom Privatleben mitteilen .

Das erzähle ich vielleicht mal in einem anderen Buch, jetzt erst mal wieder zurück zum Showbusiness.

An einer Fasnacht im Rheintal hatte sich der Fernsehsender TVO in der Bar angekündigt, in der wir auftreten sollten.

Das freute Buddy und mich natürlich sehr.

Die Chefin der Bar warnte mich eindringlich, dass ich mich auf keinen Fall komplett ausziehen dürfe.

Da lachte ich nur und erwiderte, dass das ja gar nicht ausgestrahlt wird und wenn ja, nur zensiert. Also Vollgas, dachte ich mir nur.

Als es dann so weit war, ließ ich natürlich alle Hüllen fallen und es war einfach genial, wie da die Beleuchtung und die Kamera auf einen gerichtet waren und alles auf dich fixiert. Genauso liebe ich das.

Die Chefin machte mir natürlich anschließend Vorwürfe, aber das war mir egal. Wir wurden beide auch interviewt und das war die Krönung. Als die Sendung ausgestrahlt wurde, saß auch ich vor dem Fernsehapparat und habe alles genossen. Die Reaktionen aus dem Umfeld waren gewaltig. Ich wusste gar nicht, dass so viele diesen Sender schauen. Bei mir war es das erste Mal. Auf jeden Fall bekam ich von der damaligen Moderatorin eine DVD mit dieser Aufzeichnung. Die habe ich nach wie vor zu Hause liegen.

Sich im Fernsehen zu betrachten, ist schon etwas Spezielles und einfach nur genial.

Wie etwa damals, als ich mich aus lauter Langeweile bei der Sendung „Swissdate" angemeldet habe und dazu eingeladen wurde. Dies gab auch eine enorme Resonanz. Unglaublich, wie viele so einen Mist anschauen. Dort war ich als einer der drei Auszuwählenden dabei.

Seltsamerweise war ich wohl der Einzige, der zugegeben hat, dass er sich selbst angemeldet hat. Die anderen gaben an, dass dies ihre Arbeitskollegen, die Schwester oder Bruder getan hätten. Da war ich 30 Jahre alt und natürlich Single. Bei den Vorbereitungen für den Liveauftritt im Fernsehen lachten wir uns halbtot.

Auch währenddessen lachten wir ohne Ende. Ein voller Erfolg angeblich. Am Abend sind alle zusammen feiern gegangen, bestimmt 15 Leute. Wie Stars kamen wir uns vor. Einige, die vom Fernsehsender wussten, wo sie uns antreffen konnten, erwarteten uns schon im Club. Mit Kamerabeleuchtung ging es mitten durch den Club zu der reservierten Lounge. War das geil, wie die Leute uns beobachteten! Wir gaben alles und es floss eine Flasche

Wodka um die andere. So konnten wir uns für einen Abend fühlen wie Stars. Eine echt geniale Erfahrung.

Ein paar Monate später wollten sie mich als Hauptkandidaten, aber das habe ich dankend abgelehnt.

Auch die heutigen Dating-Shows, alles nur Blödsinn, denn niemand findet dort jemals einen Traumpartner.

Es war aber eine interessante Erfahrung und sehr lustig. Dort lernte ich Patricia Boser kennen und erlebte sie als sehr nette und gut aufgestellte Person.

Das waren die beiden TV-Auftritte. Ich denke sehr gerne an diese Zeit zurück.

Spulen wir zurück zu einem besonderen Auftritt in Oensingen in der Kristallgrotte.

Angefangen hat das so, dass mich der Inhaber kontaktiert hat, da ich am 40. Geburtstag seiner Frau auftreten sollte. Sie führten diesen Swingerclub gemeinsam. Ich ging dort voller Erwartungen hin, denn ich war noch nie zuvor in einem solchen Laden gewesen.

Sie hatten eine Bar, in der das Ganze stattfand. Der Strip war eine gelungene Sache und sie hatte eine Riesenfreude an mir.

Anschließend zeigte sie mir die komplette Grotte.

Die Räume waren sehr interessant: Folterkammer, Glory-Hole-Raum, Pool und so weiter.

Es war überall emsiger Betrieb, aber die mögen ja alle, wenn sie dabei beobachtet werden.

So kamen die beiden Inhaber auf die Idee, dass ich doch einmal einen Strip für alle machen solle und danach mit meiner Partnerin eine Livesex-Show.

Das fanden wir alle eine super Sache und ich informierte gleich meine damalige Freundin.

Sie war sofort dabei.

Wir vereinbarten gleich zwei Termine, für einen Freitag und gleich darauf den Samstag.

Wir könnten auch dort übernachten, meinten sie.

Das fanden wir bombastisch, den ganzen Laden für uns allein zu haben. Der Gedanke allein…

Als der Termin näher rückte, fuhren wir dort hin, voller Spannung natürlich.

Die Gäste waren perfekt gemischt. Dort kommt man nur als Paar hinein, ansonsten hat man keine Chance.

Die Show war echt genial. Es saßen vorwiegend Ladys an der Front und die Männer im Hintergrund.

Dort musste ich mich ja auch nicht zurückhalten, weil vielleicht ein Partner Stress macht, weil ich seiner Frau zu nahekomme. Dafür sind alle hergekommen, um genau das zu tun.

Also habe ich jede Frau ordentlich miteinbezogen, bis ich mit einem Ständer dastand. Da war auch schon die Musik zu Ende und somit kam Priska mit ins Spiel.

Wir versuchten wirklich alles. Ich leckte sie von hinten, sie blies, was das Zeug hält, saß mir auch auf dem Gesicht – nichts wollte funktionieren und er schlaffte immer mehr ab.

Da mussten wir die Übung leider abbrechen und ich verabschiedete mich mit den Worten, es tut mir leid, es geht einfach nicht.

Ist halt einfach so, je mehr dass man es erzwingen will, desto weniger funktioniert man.

Sie sahen es eher locker und die eine sagte auch, dass die Stripshow so geil war, dass die Sexshow gar nicht nötig gewesen wäre. So etwas zu hören, tat sehr gut.

Wir sollten am nächsten Tag einfach das Ganze wiederholen.

So gegen Mitternacht waren schließlich alle weg und der Club wurde geschlossen.

Sie hatte uns ein Bett zurechtgemacht, in dem wir uns breitmachen konnten. Die beiden Inhaber waren noch anwesend und wir waren schon mitten im Sexakt. Als die Inhaberin nochmals bei uns vorbeischaute, genossen wir beide, wie sie uns ansah. Es schien ihr wohl ebenso zu gefallen, uns beim Ficken zuzuschauen.

Schließlich waren wir allein und bumsten an jeder erdenklichen Stelle.

Ich steckte meinen Schwanz in ein Glory Hole. Sie blies ihn genüsslich und drehte sich um, damit ich sie von hinten ficken konnte. Das war speziell und sehr geil. Wir spürten und hörten uns, aber keiner hat den anderen gesehen. Wir trieben es dann auch in der Folterkammer. Ihre Hände und der Kopf steckten in einem hölzernen Gestell, das natürlich so konstruiert war, dass sie sich jederzeit befreien konnte – nicht so wie ein echtes Folterinstrument. Dort haben wir es überall bunt getrieben, außer im Pool. Wir waren gebeten worden, es dort nicht zu tun. Das ist aber auch verständlich, aus hygienischen Gründen darf dort auch sonst niemand poppen.

Bei dem Glory Hole liegt ja der Reiz auch darin, dass man nicht weiß, ob man es mit dem eigenen Partner zu tun hat oder nicht. Wenn da Betrieb ist, kann ja jede mit jedem poppen und umgekehrt. Das ist schon speziell und man muss dann auch damit klarkommen. Ich habe nur einmal zugeschaut, wie Priska einem anderen einen geblasen hat. Das hat mich schon angemacht. Aber das lag wohl daran, dass ich sie nicht so sehr geliebt habe wie meine jetzige Partnerin. Vielleicht war es auch nur die Sexgier, die mich an sie ein bisschen gebunden hat. Wir hatten wirklich geilen Sex. Ob draußen auf einem Auto, im Swingerclub oder zu Hause – es war einfach immer geil.

Bei der jetzigen Partnerin weiß ich nicht, ob ich es ertragen würde, wenn sie einem anderen einen blasen würde. Ich will es auch gar nicht herausfinden.

Wir vereinbarten dann, am nächsten Abend nur die Stripshow über die Bühne zu ziehen.

Das war wohl besser so, so ersparte ich mir die nächste Pleite.

Das Publikum am nächsten Tag war komplett anders. Andere Leute, aber auch gut drauf. Ansonsten lief alles glatt.

Als das Ganze vorbei war, verschwanden wir wieder nach Hause.

An einem 6. Dezember hatte ich einmal eine Show in Schmerikon.

Dort sollte ich an einem Geburtstag auftreten. Sie hatte solche panische Angst vor dem Nikolaus.

Deshalb war ihr Partner dafür, dass er mit auf einem Stuhl sitzt und mit Handschellen an sie gefesselt auf mich wartet. Die Handschellen haben sie von mir bekommen.

Das Nikolauskostüm war gemietet und darunter war natürlich der Polizist.

Als es losging und sie beim Hereinkommen den Nikolaus erblickte, war die Hölle los. Natürlich konnte sie nicht davonlaufen, weil sie an ihrem Partner festgebunden war. Trotzdem schlug sie ihn ein paarmal auf den Arm, doch er lachte nur und hielt sie fest.

Um ihr Leiden zu verkürzen, ließ ich die Kutte ziemlich schnell fallen und auch den Bart nahm ich gleich ab. Da änderte sie schnell ihre Mimik und ein strahlendes Lächeln umspielte ihre Lippen.

Somit konnten die Handschellen auch gelöst werden. Sie wurde von Anfang an von den Gästen angefeuert und machte trotz Anwesenheit ihres Partners super mit. Alles lief danach entspannt und wie am Schnürchen.

Es ist schon seltsam, dass eine erwachsene Frau so ängstlich auf den Nikolaus reagiert.

Bei Kindern ist das etwas anderes und verständlich.

Schlussendlich waren alle zufrieden und wir fuhren wieder nach Hause.

Petra war an diesem Abend auch dabei.

Einmal zur Fasnacht engagierte mich Vini, der Besitzer der Bogad-Bar in Dornbirn, um einen Abend lang dort zu arbeiten.

Er machte eine zweite Bar in der Bar auf, dort waren wir zwei Jungs für das Wohl der Damen zuständig.

Der eine war dringend nötig, denn mich konnte man für Tables buchen, deshalb war ich nicht immer an der Bar verfügbar. Das eine Girl bekam den Table von Freundinnen spendiert und wir gingen gemeinsam ins „Sepp a Ree", so nannte Vini das. Damit war ein Séparée gemeint.

Mit ihrer Wunschmusik fing das Spektakel an.

Es war ziemlich eng da in dem Séparée. Das war nur eine Garderobe, in der gerade ein Stuhl Platz hatte und noch eine zusätzliche Person. Links, rechts und hinter dem Stuhl war eine Wand. Also konnte ich nur vor ihr stehen und mich ausziehen. Die engste Angelegenheit ever…

Natürlich war sie ein wenig angeheitert. Als es an das vollständige Ausziehen ging, meinte sie nur: „Wenn du die Shorts ausziehst, bist du selber schuld". Lächelnd machte ich weiter und zog die auch noch aus.

Eine Frau, ein Wort. Als ich nackt vor ihr stand, nahm sie gleich meinen Schwanz in den Mund und fing an zu blasen. Mit großen Augen schaute ich dem Geschehen zu und fing ziemlich schnell an, es zu genießen. Das Gequatsche der Gäste und die Musik erregten mich unheimlich. Auch der Gedanke, dass uns doch niemand sieht, war richtig geil. Wir waren schon ziemlich lange abwesend für einen Table, der für gewöhnlich einen Song lang dauert…

Ganz unkompliziert schluckte sie alles und säuberte meinen Schwanz mit Mund und Zunge, so gut es ging. Das war einfach nur saubere Arbeit.

Wieder unter die Gäste gemischt, ging es gleich an der Bar weiter. Ich tanzte auch ein paarmal auf der Bar, zog mich aber nur oben aus, einfach zur Animation. Das war die tollste Fasnachtsstimmung, die ich je erleben durfte. Die Gäste waren auch fast alle kostümiert.

Etwas weniger spektakulär, aber doch erwähnenswert war einmal eine Show in Uzwil.

Das war auf einem Polterabend, der nachmittags angefangen hatte. Es war Mai und sehr warm. Das Ganze sollte draußen stattfinden. Die Stimmung war sehr gut, aber noch nie zuvor war der Schweiß dermaßen an mir heruntergelaufen. Kein Wunder, ich musste ja auch in der prallen Sonne auftreten. Es waren auch zwei deutsche Girls anwesend, und eine Schweizerin sagte anschließend: „Ich bin schon ein bisschen scharf geworden."

Das klang so lustig, dass ein Riesengelächter ausbrach. Wie so oft war dann noch ein Shooting angesagt. Die eine oder andere wollte ein Erinnerungsfoto mit mir machen. Es war schon jedes Mal ein spezielles Gefühl, die Girls auf dem Schoß zu haben und ich hatte dabei kaum etwas an. Nur das hauchdünne Tuch, das umgebunden war. Es war so transparent, dass ich es auch gleich ganz hätte weglassen können. Man sah sowieso alles, aber das war allen egal. Dort entstand das Foto auf der Rückseite dieses Buches.

Weniger angenehm war einmal ein Auftritt in der Bar in Altstätten.

Der Chef dort kontaktierte mich, weil er mich angeblich dringend brauche. Er habe zwar Ramòn gebucht, aber dieser habe ihm abgesagt, weil er offenbar aufhörte. Das fand ich äußerst seltsam und glaubte das nicht.

Dort angekommen, warteten um die 120 Girls. Das war eine enorme Menge für diese kleine Bar.

Umgehend ging ich nach oben und zog mich um. Kurz darauf startete die erste Show.

Zwischenzeitlich tauchte Ramòn auf. Anscheinend hatte jemand anonym angerufen und sich für ihn ausgegeben, um ihm den Auftritt zu verderben. Das ist doch unterste Schublade, auf die anderen neidisch zu sein und sich solche Sachen zu leisten.

Er war der beliebteste Stripper und das ist doch gut so. Man sollte doch zusammenarbeiten und sich nicht auf ein solches Niveau begeben. Aber anscheinend gelang das nur Buddy und mir. Ich erinnere mich an einen anderen Stripper, der niemand anders empfehlen wollte, wenn er irgendwo absagen musste. Ich hatte auch schon Anfragen, die ich ablehnen musste, weil ich nicht konnte, aber ich gab immer zuerst Buddys Nummer weiter. Das war bei ihm genauso. Ich finde das zum Kotzen, nach dem Motto: „Wenn ich nicht gehen kann, dann soll auch kein anderer gehen." Wenn man unser Business als Konkurrenzkampf betrachtet, sollte man gar nicht erst damit anfangen.

Mein Motto war, miteinander und nicht gegeneinander.

Wie viele von uns es heute gibt, weiß ich nicht, aber damals waren wir sieben Stripper in der Schweiz.

Das klingt nach wenig, aber wir sind ja nicht in Deutschland, das viel größer ist. Nur dort gibt es sie wie Sand am Meer.

Kommen wir zunächst zum Beach Club Hinwil. Sie hatten einen Partybus. Dort wurden wir zu zweit gebucht, um während der Fahrt zu strippen.

Das war vielleicht eine Herausforderung. Der Bus war gefüllt mit Ladys und dann ging's los.

Sich während der Fahrt auszuziehen und dabei nicht umzufallen, war gar nicht so einfach.

Einmal musste ich mich an einem Girl festhalten, aber das war eher lustig. Als Dank dafür, dass sie mir dabei geholfen hat, nicht auf die Schnauze zu fallen, gab ich ihr einen Kuss. Eigentlich war der für die Wange gedacht, aber sie drehte sich zu mir und er landete auf ihrem Mund.

Das war sehr angenehm, denn sie hatte ausgesprochen weiche Lippen.

Platz war sehr wenig und das Umhängetuch hatte ich auch vergessen. Stattdessen nahm ich die Trainerjacke eines Girls, um mein bestes Stück notdürftig abzudecken. Sie schaute mich nur groß an und ich ergänzte, dass er auf Hochglanz poliert sei, sie müsse sich keine Gedanken machen. Daraufhin musste sie lachen. Als es vorbei war, zog ich die Shorts wieder an und retournierte ihr die Jacke. Danach fuhren wir wieder zum Beachclub und auch dieses Spektakel war zu Ende.

Wenn wir gerade beim fahrenden Strip sind: Einmal ist sogar eine Junggesellinnen-Truppe bei mir zu Hause vorbeigekommen, um mich abzuholen. Sie fuhren mit einer Hummer-Limousine vor.

Das war vielleicht geil. Die Braut saß mit verbundenen Augen darin und hatte keinen Plan. Natürlich stieg ich schon umgezogen ein. Aber vorher händigte ich der

Trauzeugin die CD aus, um sie gleich abzuspielen. Der Sound in dieser Karre war gewaltig. Zugleich fuhr der Chauffeur auch schon los.

Ich konnte nicht wirklich aufrecht stehen, dafür fehlten ein paar Zentimeter…

Aber das spielte keine Rolle, denn ich saß ja sowieso die meiste Zeit bei einer der Damen auf den Knien.

Als ihr die Augenbinde abgenommen wurde, hat es sie beinahe umgehauen. Mit allem habe sie gerechnet, aber niemals damit. Das war also eine gelungene Überraschung.

So einen Trubel hatte ich noch nie erlebt. Die eine küsste mich, eine zerkratzte mir die Arschbacken mit ihren Fingernägeln, die andere wollte mir einen blasen, eine wollte meine Bauchmuskeln streicheln... Hin- und hergezerrt wurde ich, sodass niemand etwas richtig genießen konnte. Es war wie eine Horde Hyänen, die über mich herfiel. Schlussendlich ging alles doch recht harmlos in dem Hummer zu Ende. Die Braut war sichtlich schockiert über ihre geladenen Girls. Sie konnte kaum glauben, was sich da abgespielt hatte. Nun ja, schlussendlich brachte mich der Chauffeur wieder zum Ausgangspunkt und ich konnte ordentlich duschen. Sie zogen weiter.

Ein Auftritt in Schwarzenbach war auch einmal sehr lustig.

Niemand wusste, was ihn erwartet. Ich wusste nur, dass wir uns in Wil beim Evita treffen und dann zum Auftrittsort fahren.

Es sollte eine Geburtstagsüberraschung werden. Was es in der Tat war.

Da kam auch schon derjenige, der mich gebucht hatte. Dann fuhren wir Richtung Schwarzenbach und die Gegend wurde mir immer bekannter. Ich dachte nur, hier bin ich doch schon einmal gewesen.

Dann sagte ich nur, hier in diesem Quartier wohnt doch S.... Er fragte: „Kennst du sie?" Ich bejahte, denn sie war schließlich eine Exfreundin von mir. Er war sichtlich überrascht. Ob es mir etwas ausmache, für sie zu tanzen. Natürlich nicht, wir waren ja friedlich auseinandergegangen.

Zum Glück hatte ich zwei verschiedene Kostüme dabei, somit konnte das komplette Gesicht versteckt werden, sodass sie mich auf keinen Fall gleich erkennen konnte.

Das war dann auch so, bis schließlich die Maske gefallen war. Big Smile und Gelächter waren klar.

Aber sie freute sich, wir hatten uns schon eine Weile nicht mehr gesehen. Somit passte das Ganze sehr gut. Schlussendlich waren alle zufrieden.

Eines muss auf jeden Fall erwähnt werden. Wie schon erzählt, sind zahlreiche Komplimente hereingeflattert, wie gut ich jeweils duftete. Das ist ein wirklich schönes Kompliment, das ich liebe.

Erschreckenderweise waren einige Ladys dabei, die sehr übel gerochen haben. Das war sehr anstrengend, dauernd die Atemwege zu blockieren, damit der Gestank einigermaßen fernblieb. Aber man kommt einander eben doch sehr nahe, das ist das Unangenehme daran.

Vor allem war es übel, weil diese Girls alle schlank waren und sehr gut aussahen.

Es waren auch einige dabei, die sehr korpulent waren, aber von ihnen hat keine Einzige unangenehm gerochen. Sie waren äußerst gepflegt und achteten sehr auf ihr Äußeres.

Dazu fällt mir noch etwas ein.

Ein paar wenige recht stämmige Frauen, für die ich tanzen durfte, waren eine Herausforderung.

Auch wenn sie die Beine zusammen pressten, setzte ich mich auf sie und siehe da, meine Füße erreichten den Boden nicht. Da hing ich nun in der Luft. Trotz aller Bemühungen reichten die Füße einfach nicht bis zum Boden. Das machte das Auftreten etwas schwieriger. Aber irgendwie ging es schlussendlich doch noch. Das war allerdings ziemlich anstrengend. Für die eine war es sichtlich unangenehm, als sie bemerkt hatte, wie ich mich umsonst bemühte, den Boden zu erreichen.

Ich weiß gar nicht, was ich dazu noch sagen soll. Aber rückblickend waren es schon meist angenehme Begebenheiten. Sonst hätte ich schon viel früher ans Aufhören gedacht.

Die Lehre, die ich daraus gezogen habe ist, dass die Schweizer Frauen viel versauter sind als sie vorgeben. Oder anders formuliert: Sie sind einfach viel diskreter bzw. schlauer als die Männer.

Der Cabanna-Club in Davos buchte Buddy und mich einst für eine Duo-Show.

Da dachten wir uns, dass die S.W.A.T.-Show dafür am besten sei. Das ist die Spezialeinheit der US Polizei und bedeutet, Special Weapons and Tactics. Wir waren genau gleich ausgestattet. Von den Kampfstiefeln bis zur Sturmmaske. Beim Umziehen war es sehr bedauerlich, dass es in dem Raum keinen Spiegel gab. Wie gerne hätten wir uns selbst gesehen. Allein das gegenseitige Schwärmen vom Aussehen des jeweils anderen heizte uns schon ordentlich ein. An diesem Abend waren offensichtlich mehr Frauen als Männer im Club.

Das war von Vorteil für uns. Als die Musik anging, führte uns einer vom Personal hinter der Bar durch. Es sei zu voll, um durch die Menge zu laufen. Natürlich waren da lauter Regale mit Alkohol, aber hinter den Regalen waren überall Spiegel angebracht. Buddy ging vor mir und blieb plötzlich stehen, drehte sich nach rechts, wo die Spiegel waren. Natürlich tat ich dasselbe... Wir schauten uns an und meinten nur: „Das sieht so geil aus!" Lachend gingen wir weiter zur Bühne, die extra aufgebaut wurde. Dieser Club war nicht so klein, wie man es zunächst von einem solchen Ort vermutet.

Die Kostüme haben ordentlich eingeschlagen. Das war auch ein geniales Publikum.

Anschließend kam eines der Girls auf mich zu und sagte: „Du bist doch Roy!" Oh, oh, dachte ich und wusste nicht, ob ich ihre Frage bejahen sollte, was ich aber dennoch tat. Sie sei die Cousine von Petra, meiner Partnerin. Wir haben uns einmal bei einem Familienfest kennengelernt. Ja, klar. Wir mussten beide lachen. Wie klein doch die Welt ist!

Was auch erwähnenswert ist, war der Auftritt in einem Gay-Saunaclub in Basel.

Das war vielleicht speziell. Es rief mich ein Kerl an, der seine Geburtstagsparty dort feiern wollte und ich sollte für ihn strippen.

Mal was anderes, dachte ich, aber das passte doch ganz gut. Speziell dass ein Kerl selbst für sich einen Stripper bestellt.

Dort tauchte ich mit einer Kollegin auf, die das auch sehen wollte.

Es nahm uns ein Afro-Typ in Empfang, der mit seiner Freundin da war. Wie sich herausstellte, war er bisexuell und er war das Geburtstagskind.

Er brachte uns zur Umkleide, damit ich mich in Ruhe umziehen konnte. Als es dann losging, warf ich auch bei ihm die Kutte über uns und redete darunter kurz ein paar Sätze. Dies war vor allem bei nervösen Girls sehr hilfreich, um ein wenig das Eis zu brechen und sie etwas zu beruhigen.

Aber nicht bei diesem Typ, der steckte mir gleich seine Zunge in den Mund... Wie auch immer, dieses Geknutsche dauerte ja nur kurz, dann ging die Show weiter... Seine Partnerin war so begeistert von mir, dass sie mich nach einem Dreier gefragt hat. Natürlich sagte ich zu, aber nicht mehr heute. Leider ergab sich nie die Gelegenheit, denn der Kontakt zwischen uns versandete.

Nach dem Auftritt steuerten Lydia und ich durch den Club, um alles zu begutachten.

Überall Betten, Pool, Whirlpools, Glory Hole ohne Ende. Auf einmal bekam ich eine riesige Lust auf Selbstbefriedigung. Sofort fragte ich Lydia, ob sie mir dabei zusehen wolle. Sie stimmte zu, setzte sich auf ein

Bett und ich zog mich vor ihr aus. Ich blieb neben dem Bett stehen und legte Hand an, bis mein Ding hart war. Sie lehnte sich gemütlich zurück und genoss die Attraktion. Auf einmal überkam sie das Gefühl, selbst Hand anzulegen und sie zog sich auch aus. Lustvoll lag sie auf dem Bett und befummelte sich selbst. Mein Gott, war das geil. Inzwischen spürte ich schon, wie der Puls in der Eichel pochte.

Sie öffnete ihre Lippen, die so feucht waren, dass sie sogar im Dunklen leuchteten. Der Glanz war nicht zu übersehen. Sie drehte sich um, präsentierte mir ihren geilen Arsch und strich mit dem Mittelfinger zwischen den feuchten Lippen auf und ab. Sie legte sich dabei auf den Bauch und machte so weiter. Zwischenzeitlich hatten sich schon ein paar Zuschauer dazugesellt, um uns zuzusehen. Eine prickelnde Sache war das. Eine Frau und vier Typen sah ich. Ich fragte Lydia, ob ich sie ficken dürfe.

Langsam kam sie mit dem Hintern zurück und streckte mir bereitwillig ihren Arsch entgegen. Das sollte doch Zeichen genug sein für ihre Zustimmung. Ich drang auch gleich in sie ein und stieß sie anfangs schön vorsichtig. Inzwischen sah ich zwei Schwule, die zugange waren. Der eine blies dem anderen einen. Dann war da noch ein Hetero-Paar, das ging auch schnell zur Sache. Auch sie kniete nieder und fing an, seinen Schwanz zu blasen. Das wurde ja immer interessanter. Einer stand hinter mir und fragte mich, ob es mich stören würde, wenn er sich meinen Arsch anschaue und sich dabei einen runterhole... Nur zu, bejahte ich. Nach ein paar Minuten war das eine richtige geile Orgie, die da im Gange war, zwischen Heteros und Homos. Echt genial, diese Session und das sozusagen auf nur einem Doppelbett und daneben. Meine

Augen waren vorwiegend auf das Hetero-Paar gerichtet und auf meine Partnerin, denn das machte mich am meisten an. Plötzlich spritzte ich alles ab und verteilte ihr den Saft auf dem Rücken und Arsch. Richtig laut wurde es durch meinen Orgasmus und der andere Kerl spritzte bei ihr auch bald ab. Auch einer der Schwulen kam zum Höhepunkt, genau wie derjenige, der hinter mir stand. Es war schon speziell, dass gleich vier Jungs ziemlich nacheinander gekommen sind.

Dies war ein absolut sensationelles Erlebnis, das ich jederzeit wiederholen würde.

Eine Weile später bekam ich einen Anruf.

Was auch unvergesslich bleibt, ist die Anfrage für einen Dreier, die von einem Paar kam.

Mich interessierte in erster Linie, ob er bisexuelle Absichten habe, was er ziemlich deutlich verneinte. Sie wolle eben mal vaginal und anal gleichzeitig ausprobieren. Das ist schon etwas Einzigartiges, dachte ich mir.

Sie dürfe auf keinen Fall erfahren, dass er mich dafür bezahle. Sie solle denken, dass wir befreundet wären. Das leuchtete mir ein und war ja auch kein Problem.

Wir verabredeten uns im Hotel Marriot in Zürich, was das Ganze noch spannender machte.

Als ich dort ankam und vor dem angegebenen Zimmer stand, raste der Puls schon ordentlich.

So aufgeregt war ich schon lange nicht mehr, wenn überhaupt irgendwann einmal.

Ich hatte keine Vorstellung davon, wie die beiden aussehen. Es wurden keine Bilder ausgetauscht. Sie wussten anhand der Homepage, wie ich aussah. Das machte unser Treffen umso spannender.

Offensichtlich hatte ich ihr gefallen und deshalb wollte sie diesen Dreier mit mir, auchweil er hinzugefügt hatte, dass er mich kenne.

Auf jeden Fall klopfte ich an die Tür und wartete gespannt wie ein Flitzebogen.

Plötzlich ging die Tür auf und es stand eine ziemlich attraktive junge Dame im Bademantel und mit einem Sekt Glas in der Hand vor mir. Ihr Haar war feucht, da sie wohl offensichtlich gerade geduscht hatte.

Das war ein sehr reizvoller Anblick, denn nasses Haar finde ich sehr erotisch.

Wir begrüßten uns mit einem Wangenkuss und sie bat mich einzutreten.

Ihr Partner stand zugleich vom Bett auf, um mir die Hand zu schütteln.

Wir grüßten uns wie alte Kumpels und grinsten uns dabei vielsagend an.

Es war nicht das erste Mal, dass mir Geld für Sex angeboten wurde. Es war immer wieder ein geniales Gefühl.

Sofort erhielt ich auch ein Glas Sekt und wir stießen gleich darauf an. Ein paar Sätze plaudern und sich dabei langsam ausziehen, das war der Plan. Das war sehr gut, beim Reden etwas auszuziehen. Es war fast wie bei einem Auftritt… Nach einer Weile beugte ich mich zu ihr und küsste sie, dann zog ich ihr langsam den Bademantel aus. Wir Jungs saßen in den Boxershorts da und sie war nackt.

Während ich sie küsste, legte sich ihr Freund hin und begann sie zu lecken. Das turnte mich unheimlich an und ich bekam einen Harten. Die Shorts waren also schnell weg. Ich kniete mich über sie, damit sie, während sie geleckt wurde, einen blasen konnte. Dann ging es ziemlich schnell, weil wir alle drei sehr geil wurden. Wir fickten sie anal und vaginal gleichzeitig. Wir tauschten auch und wechselten die Löcher. Das war sehr heftig, sie drehte fast durch vor Geilheit und wir drehten fast durch ihretwegen. Seltsamerweise dauerte dies trotzdem ziemlich lange. Beide waren wir sehr angetan und konnten unser Kommen dennoch sehr lange herauszögern. Es war sehr speziell, dass wir uns gleichzeitig in ihr spürten. Das war echt komisch. Sie fand es auch megageil, als wir dann noch fast gleichzeitig gekommen sind und sie vollspritzten. Anschließend habe ich dort geduscht und wir unterhielten uns noch eine Weile. Dann fuhr ich wieder nach Hause.

Mehr oder weniger ist damit so ziemlich alles zusammengefasst. Hoffentlich habe ich keine erwähnenswerte Story vergessen. Ich denke, dass die einen oder anderen Spaß daran haben werden, dies zu lesen. Einige werden vielleicht sogar schockiert sein. Aber es ist so geschrieben wie erlebt.

Es bleibt mir nur noch, ein abschließendes Dankeschön an alle zu sagen, dass ich für euch auftreten durfte.

Zeitfracht Medien GmbH
Ferdinand-Jühlke-Straße 7
99095 Erfurt, Deutschland
produktsicherheit@kolibri360.de